# 四存編

[清] 顏元 著

齊魯書社
·濟南·

**圖書在版編目（CIP）數據**

四存編 / (清) 顏元著. -- 濟南：齊魯書社,
2024. 9. -- (《儒典》精粹). -- ISBN 978-7-5333
-4936-3

Ⅰ. B249.51

中國國家版本館CIP數據核字第2024JF1535號

責任編輯　劉　强　馬素雅
裝幀設計　亓旭欣

**四存編**

SI CUN BIAN

〔清〕顏元　著

| | |
|---|---|
| **主管單位** | 山東出版傳媒股份有限公司 |
| **出版發行** | 齊魯書社 |
| **社　　址** | 濟南市市中區舜耕路517號 |
| **郵　　編** | 250003 |
| **網　　址** | www.qlss.com.cn |
| **電子郵箱** | qilupress@126.com |
| **營銷中心** | （0531）82098521　82098519　82098517 |
| **印　　刷** | 山東臨沂新華印刷物流集團有限責任公司 |
| **開　　本** | 880mm × 1230mm　1/32 |
| **印　　張** | 12.5 |
| **插　　頁** | 2 |
| **版　　次** | 2024年9月第1版 |
| **印　　次** | 2024年9月第1次印刷 |
| **標準書號** | ISBN 978-7-5333-4936-3 |
| **定　　價** | 98.00圓 |

# 《〈儒典〉精粹》出版説明

《儒典》是對儒家經典的一次精選和萃編，集合了儒學著作的優良版本，展示了儒學發展的歷史脉絡。其中，《義理典》《志傳典》共收録六十九種元典，由齊魯書社出版。鑒於《儒典》采用套書和綫裝的形式，部頭大，價格高，不便於購買和日常使用，我們决定以《〈儒典〉精粹》爲叢書名，推出系列精裝單行本。

叢書約請古典文獻學領域的專家學者精選書目，并爲每種書撰寫解題，介紹作者生平、内容、版本流傳等情况，文簡義豐。叢書共三十三種，主要包括儒學研究的代表性專著和儒學人物的師承傳記兩大類。版本珍稀，不乏宋元善本。對於版心偏大者，適度縮小。爲便於檢索，另編排目録。不足之處，敬請讀者朋友批評指正。

齊魯書社
二〇二四年八月

# 《〈儒典〉精粹》書目（三十三種三十四册）

孔氏家語　荀子集解　孔叢子
春秋繁露　春秋繁露義證　鹽鐵論
新序　揚子法言　白虎通德論
潛夫論　中説　太極圖説　通書
龜山先生語録　張子語録　傳習録
張子正蒙注　先聖大訓　近思録
四存編　孔氏家儀　帝範
帝學　温公家範　文公家禮
聖門禮樂誌　東家雜記　孔氏祖庭廣記
伊洛淵源録　伊洛淵源續録　國朝漢學師承記
國朝宋學淵源記　孔子編年　孟子年表

# 解題

## 四存編十一卷，清顔元著，清康熙刻本

顔元字渾然、易直，號習齋，博野人，崇禎八年（一六三五）生，康熙四十三年（一七〇四）卒。著有《四書正誤》《習齋記餘》等。

是書分《存性編》二卷、《存學編》四卷、《存治編》一卷、《存人編》四卷。《存治編》題『思古人著』，蓋其壯歲守宋儒學時所作也。是編分《王道》《井田》《井田經界之圖》《井田經界圖説》《方百里圖》《方百里圖説》《治賦》《八陳圖説》《學校》《封建》《宮刑》《濟時》《重徵舉》《靖異端》十四目，大旨欲全復井田封建學校徵辟肉刑及寓兵於農之法，失之於理想主義，故《四庫全書總目》譏之云『瞽談黑白』，然此編終爲少作，亦未可過於苛責也。

至《存性》《存學》二編，皆顔元悟聖學後著。元深感程朱之學受禪學浸染，已非孔孟正道，故著此二編，意在破程朱而返諸孔孟也。《存性編》卷一分《駁氣質性惡》《明明德》《棉

桃喻性》《借水喻性》《性理評》五篇，卷二先列《朱子性圖》，後列己之七圖，以明孟子性善之宗旨，而排宋儒之言氣質不善。《存學編》卷一分《由道》《總論諸儒講學》《明親》《上徵君孫鍾元先生書》《上太倉陸桴亭先生書》《學辨一》《學辨二》七篇，卷二至卷四爲《性理評》。顔氏以爲，爲學之道，當注重實踐，而戒侈談心性，宋儒之誤在於講説多而踐履少，若孔子『下學而上達』，則反是矣。

後元有感於异端鴟張，更著《存人編》，前二卷一名『唤迷途』，乃以俚言俗語勸僧道歸人倫，并唤名儒而心佛者回返正途，又勸誡愚民勿信奉邪教。卷三爲《太祖高皇帝釋迦佛贊解》，卷四附録束鹿張鼎彝《毁念佛堂議》，及元所撰《闢念佛堂説》《擬諭錦屬更念佛堂》二篇，要皆以闢佛爲務也。

此本首列康熙四十四年（一七〇五）温德裕、李塨二人序言，後列校訂同人姓氏及受業門人姓氏。蓋四編非同時所刻，先有曹乾齋刻《存學編》於都門（據《年譜》可知，刻於康熙四十年），後有温德裕刻另三編，合之爲四，温、李二序言之甚詳。是書又有《畿輔叢書》本、《顔李叢書》本，然對序言多有删削，且四編次序亦有改易，已違作者本意。要以康熙刻本爲最全最善之本也。

隗茂杰

# 目録

## 存學編

## 存治編

存人編

# 門存編序

余少繙經傳餘輒手程朱陸王書然有稱心者亦有格格
於胸者以爲必已見未至也已而頗閱內典丹經而又覺
其中無有不足羈人歲己卯客蒲陰聞習亝顏先生名不
去口或尊之稱之曰先生志躋周孔好禮率弟子習冠禮
昏禮祭禮祭必齊服雖功緦皆如禮盛暑不免祖屋漏寢
臥必肅立日記登十二時功過欺慊與王子法乾十日一
會互糾後劉宰肇南李子剛主僉同會規勘甚嚴非義一
介不取邑令羅毅亭徐[redacted]求見不得斥車從獨步造廬
問治巡撫于公學使者李公競走幣懸旌先生弗謝也友
教後進諄諄無倦容甕牖繩樞而于禮樂兵農水火工虞

日夜籌畫慨然欲身見之或且怪曰咄咄是博陵顏聖人也朔望令妻拜同藏身不比有過則罰跪闢佛老力而見祠必下騎趨過墓則式文士洒好技擊弧矢學中珠算且吹歌弔日必不飲酒食肉見人則勉行聖道致其友瞧訶曰是螺贏也日云似我似我裕聞之悚立謂今儒中而有斯人耶即謀趨謁適他役去壬午京邸納交李子愈稔聞先生朝乾夕惕之心性時考刻厲之躬行浮天浴日之經濟絲繡於心無日釋甲申如郾城任決過請業中道忽阻腹疾以爲後謁有期也不意是年中秋而先生捐館矣今春李子持先生四存編來讀之性則直通帝天學則嫡傳周孔言治則如親見唐虞三代而辯異端衛聖道誠所謂

爲天地立心爲生民立命爲往聖繼絕學爲萬世開太平
者也昔季札之見韶箾也曰觀止矣雖有他樂不敢請已
余於是編亦云亟摹公世使余趨教未遂之忱有所寄焉
雖然莊逵燦著今後世得所率由不爲田夫紿陷之澤中
是天地先聖所式憑也又豈爲一人一書也哉
康熙歲在乙酉孟夏穀旦三原後學溫德裕頓首拜撰

# 四存編序

四存編皆習齋先生著一存性謂天命賦於氣質無不善也一存學謂學者周禮之六德六行六藝孔門之仁孝禮樂兵農王靜坐專誦讀非學也一存治論井田學校諸王道也然性也學與治也皆人也緇羽教張人且空與虛故以存人終焉三原溫子益修嘗客遊抵祁聞先生名謁未果已而自京趨蠡鄙任擬枉道見又適他牽弗遂及讀是編嘆曰猗歟天地昭日星燦江河沛是直接孔孟者也上壁捉風之學亦奚以爲余憾未獲面受而先生不待矣摹之行世余任也夫顧存學曹子乾齋已梓都門乃鳩工開雕其三合之爲四嗟乎先生爲天道聖學萬世民物計

不朽之業也二君廣布之不共不朽哉天下後世聞而興
起羣復周孔之道即先生未亾也即人人見先生也而何
憾此四存意也
康熙四十四年乙酉四月下浣門人蠡吾李塨頓首拜識

# 校訂同人姓氏

許二禮　酉山　安陽　　李因篤　天生　富平

梁廷援　以道　鄢陵　　朱[redacted]　寧居　湯陰

齊[redacted]　泰階　荆州　　羅[redacted]　毅亭　廣東

溫德裕　益脩　三原　　朱　敬　王一　湯陰

郭金城　子固　遼左　　曹[redacted]　乾丞　遼左

刁　包　非有　祁州　　張來鳳　公儀　寧晉

王餘佾　介祺　新城　　孫望雅　君孚　容城

劉崇文　肇南　蠡縣　　王　乹　羿九　清苑

陳　鋐　國鎮　涿州　　呂　申　文甫　清苑

李明性　洞初　蠡縣　　王之徵　五修　新安

楊爾淑湛子 新安　張鼎彝東巖 東鹿

魏弼直帝臣 博野　李[redacted]木天 商水

陳[redacted]見旉 清苑　王經邦咸休 祁州

馮夔徵繪升 安州　王養粹法乾 蠡縣

閻中寬公度 蠡縣　郝文燦公函 肥鄉

張鵬舉文升 蠡縣　李[redacted]篤生 河間

王復禮草堂 錢塘　黃曰瑚宗夏 歙縣

尚重威如 新鄉

受業門人姓氏

王　源崑繩　大興　　國之元公玉　深州

石[redacted]子雲　蠡縣　　王學詩全四　完縣

王　堂思白　蠡縣　　彭好古敏求　蠡縣

張　澍霖生　蠡縣　　拉　江[redacted]　滿洲

宋希濂方舟　蠡縣　　曹敦化萬初　淶水

邊之藩海若　博野　　顏士倧宗人　博野

李　塨剛主　蠡縣　　周　琤崑來　江寧

顏士鎮[redacted]　博野　　顏士佶[redacted]　博野

夏希舜[redacted]　博野

苗尚信[redacted]　肥鄉　　顏修巳敬甫　博野

李植秀果亝 祁州　李　培益溪 蠡縣

顏爾儼毘甫 博野　鍾　鏤金若 博野

郝[redacted] 肥鄉　朱本良[redacted] 湯陰

賈　易生生 蠡縣　曹可成[redacted]

●李[redacted] 商水　顏保邦[redacted] 博野

白宗伊[redacted] 肥鄉

# 學性編序

三代以上不言性而性存宋明以後日言性而性亾世之
學者疇則知其然歟書言民性誥后之綏猷也詩咏秉彝
矣由前也皆偶舉之不以立教孔子承唐虞三代道統性
天不可得聞孟子時言者棼如不得已直指性善羣議始
一荀楊韓李而下言性之家復紛而最衆於宋世教人以
性爲先而分義理之性氣質之性爲二其意以爲推明道
原而後道可正也而不知帝王孔孟之教法至是而變矣
返觀靜坐使佛氏心性幻談得與吾儒浸亂且以氣質爲
有惡使庸人得以自諉而牟利漁色弑奪之極禍皆將謂
由性而發自宋末以迄今日儒者承之議論紛出半信半

疑于其際然則聖人之教法豈可以輕變歟今去孔孟二千年而習齋顔先生出才甚大思甚膚志卓而守嚴遠于程朱陸王近于江村夏峯無不究極其學乃豁然獨見孔孟遺緒作三存編首以存性謂理即氣之理氣即理之氣清濁厚薄純駁偏全萬有不齊總歸一善其惡者引蔽習染耳因列七圖以明之于是孟子言性善之旨始著教人踐形以爲存養勿躐言性天于是佛氏寂守心性以形氣爲六賊之異言始無所亂嗟乎性之不明久矣得先生辭而辯之而孟子之言性存而唐虞三代孔門寓心性于政教而不輕語人以性者亦存而究之性之體用本自如是必如是爲言即如是爲功而并不事夫言而後吾之性存

天下之性俱存謂非二千年後卓然特起以明聖道者歟塨從遊久頗于提命餘窺其領要一日命塨作序曰子知吾言性之意可以序矣子知吾不欲言性之意可以序矣是編也本之天地衷之聖賢爲天下萬世慮先生不得已之苦心蓋二致意焉若天下後世之人得已而不已是將以性與天道爲游談之藪聚訟之具也而豈聖教之所許也哉

康熙戊辰冬月蠡吾門人李塨書於兩陽館舍

存性編目

卷一

駁氣質性惡　明明德

棉桃喻性　借水喻性

性理評三十九條

卷二

朱子性圖　妄見七圖

圖跋　附錄同人語五條

# 存性編卷一

博陵 顏元 著

## 駁氣質性惡

程子云論性論氣二之則不是又曰有自幼而善有自幼而惡是氣禀有然也朱子曰纔有天命便有氣質不能相離而又曰既是此理如何惡所謂惡者氣也可惜二先生之高明隱爲佛氏六賊之說浸亂一口兩舌而不自覺若謂氣惡則理亦惡若謂理善則氣亦善蓋氣即理之氣理即氣之理烏得謂理純一善而氣質偏有惡哉譬之目矣眶皰睛氣質也其中光明能見物者性也將謂光明之理專視正色眶皰睛乃視邪色乎余謂光明之理固是天命

眶皰睛皆是天命更不必分何者是天命之性何者是氣質之性只宜言天命人以目之性光明能視即目之性善其視之也則情之善其視之詳畧遠近則才之强弱皆不可以惡言蓋詳且遠者固善即畧且近亦第善不精耳惡于何加惟因有邪色引動障蔽其明然後有淫視而惡始名焉然其爲之引動者性之咎乎氣質之咎乎若歸咎于氣質是必無此目而後可全目之性矣非釋氏六賊之說而何孔孟性旨湮沒至此是以妄爲七圖以明之非好辯也不得已也

明明德

朱子原亦識性但爲佛氏所染爲世人惡習所混若無程

張氣質之論當必求性情才及引蔽習染七字之分界而明情才之皆善與後日惡之所從來判然矣惟先儒既闢此論遂以惡歸之氣質而求變化之豈不思氣質即二氣四德所結聚者烏得謂之惡其惡者引蔽習染也惟如孔門求仁孟子存心養性則明吾性之善而耳目口鼻皆奉令而盡職故大學之道曰明明德尚書贊堯首曰欽明舜曰濬哲文曰克明中庸曰尊德性既尊且明則無所不照譬之居高肆望指揮大衆當惻隱者即惻隱當羞惡者即羞惡仁不足以恃者即以義濟之義不足以恃者即以仁濟之或用三德並濟一德或行一德兼成四德當視即視當聽即聽不當即否使氣質皆如其天則之正一切邪色

淫聲自不得引蔽又何習于惡染于惡之足患乎是吾性以尊明而得其中正也六行乃吾性設施六藝乃吾性材具九容乃吾性發現九德乃吾性成就制禮作樂燮理陰陽裁成天地乃吾性舒張萬物咸若地平天成太和宇宙乃吾性結果故謂變化氣質爲養性之效則可如德潤身睟面盎背施于四體之類是也謂變化氣質之惡以復性則不可以其問罪于兵而責染于絲也知此則宋儒之言性氣皆不親切惟吾友張石卿曰性即是氣質之性堯舜氣質即有堯舜之性呆獃氣質即有呆獃之性而究不可謂性有惡其言甚是但又云傻人决不能爲堯舜則誣矣吾未得與之辨明而石卿物故深可惜也

## 棉桃喻性

諸儒多以水喻性以土喻氣以濁喻惡將天地予人至尊至貴至有用之氣質反似為性之累者然不知若無氣質理將安附且去此氣質則性反為兩間無作用之虛理矣孟子一生苦心見人即言性善言性善必取才情故迹一一指示而直指曰形色天性也惟聖人然後可以踐形明乎人不能作聖皆負此形也人至聖人乃克滿此形也此形非他氣質之謂也以作聖之具而謂其有惡人必將賤惡吾氣質程朱敬身之訓又誰肯信而行之乎因思一喻曰天道渾淪譬之棉桃殼包棉陰陽也四瓣元亨利貞也軋彈紡織二氣四德流行以化生萬物也成布而裁之為

衣生人也領袖襟裾四肢五官百骸也性之氣質也領可護項袖可藏手襟裾可蔽前後即目能視耳能聽子能孝臣能忠之屬也其情其才皆此物此事豈有他哉不得謂棉桃中四瓣是棉軋彈紡織是棉而至製成衣衫即非棉也。又不得謂正幅直縫是棉斜幅旁殺即非棉也如是則氣質與性是一是二而可謂性本善氣質偏有惡乎然則惡何以生。也則如衣之著塵觸污人見其失本色而厭觀也命之曰污衣其實乃外染所成有成衣即被污者有久而後污者有染一二分污者有三四分以至什百全污不可知其本色者然只須煩擱擠滌以去其染著之塵污已耳而乃謂洗去其襟裾也豈理也哉是則不特成衣不可謂之汚雖極垢敝亦不可謂衣本有汚但外染有淺深則撋澣有難易若百倍其功縱積穢可以復潔如莫爲之力卽蠅點不能復素則大學明德之道日新之功可不急講歟

## 借水喻性

程朱因孟子嘗借水喻性故亦借水喻者甚多但主意不同所以將孟子語皆費牽合來就已說今卽就水明之則有目者可共見有心者可共解矣程子云淸濁雖不同然不可以濁者不爲水此非正以善惡雖不同不可以惡者不爲性乎非正以惡爲氣質之性乎請問濁是水之氣質否吾恐澄澈淵湛者水之氣質其濁之者乃雜入水性本

無之土正猶吾言性之有引蔽習染也其濁之有遠近多少正猶引蔽習染之有輕重淺深也若謂濁是水之氣質則濁水有氣質清水無氣質矣如之何其可也

性理評

朱子曰孟子道性善性字重善字輕非對言也

此語可詫性善二字如何分輕重誰說是對言若必分輕重則孟子時人競言性但不知性善耳孟子道之之意似更重善字

朱子述伊川曰形既生矣外物觸其形而動于中矣其中動而七情出曰喜怒哀懼愛惡欲情既熾而益蕩其性鑿矣

問既熾何是歸罪于情矣非王子曰程子之言似不非熾便是惡乎曰孝子之情濃忠臣之情盛熾亦何惡賢者又惑于莊周矣

又曰動字與中庸發字無異而其是非真妄特決于有節與無節中節與無中節之間耳

以不中節爲非亦可但以爲惡妄則不可彼忠臣義士不中節者豈少哉

朱子曰人生而靜天之性未嘗不善感物而動性之欲此亦未嘗不善至于物至知誘然後好惡形焉好惡無節于內知誘于外不能反躬天理滅矣方是惡故聖賢說得惡字煞遲

此段精確句句不紊層欠吾之七圖亦適以發明朱子之意云爾而乃他處多亂何也以此知朱子識諳之高而未免惑於他人之見耳　按朱子此段是因樂記語而釋之可見漢儒見道猶勝宋儒

又述韓子所以爲性者五而今之言性者皆雜佛老而言之

先生嘆亦雜佛老矣

張南軒答人曰程子之言謂人生而靜以上更不容說才說性時便已不是性繼之曰凡人說性只是說繼之者善也

玩程子云凡人說性只是說繼之者善也蓋以易繼善

句作已落人身言謂落人身便不是性耳夫性字從生心正指人生以後而言若人生而靜以上則天道矣何以謂之性哉

朱子曰人之性論明暗物之性只是偏塞人亦有偏塞如天啞天閹是也物亦有明暗如沐猴可教之戲鸚鵡可教之言是也

程子曰韓退之說叔向之母聞揚食我之生知其必滅宗此無足怪其始便禀得惡氣便有滅宗之理所以聞其聲而知之也使其能學以勝其氣復其性可無此患

噴楚越椒始生而知其必滅若敖晉揚食我始生而知其必滅羊舌是後世言性惡者以爲明証者也亦言氣

質之惡者以爲定案者也試問二子方生其心欲弑父與君乎欲亂倫敗類乎吾知其不然也子文向母不過察聲容之不平而知其氣禀之甚偏他日易于爲惡耳今即氣禀偏而即命之曰惡是指刀而坐以殺人也庸知刀之能利用殺賊乎程子云使其能學以勝其氣復其性可無此患可爲善論而惜乎不知氣無惡也

朱子曰氣有不存而理却常在又曰有是氣則有是理無是氣則無此理

後言不且以已矛刺已盾乎

孔孟言性之異畧而論之則夫子雜乎氣質而言之孟子乃專言其性之理雜乎氣質而言之故不曰同而曰近蓋

以爲不能無善惡之殊但未至如所習之遠耳
是謂讀得孔孟言性原不異方可與言性孟子明言爲
不善非才之罪非天之降才爾殊乃若其情則可以爲
善又曰形色天性也何嘗專言理况曰性善謂聖凡之
性同是善耳亦未嘗謂全無差等觀言人皆可以爲堯
舜將生安學利困勉無不在內非言當前皆與堯舜同
也宋儒竟命之曰孟子專以理言冤矣孔子曰性相近
也習相遠也此二語乃自罕言中偶一言之遂爲千古
言性之準性之相近如眞金輕重多寡雖不同其爲金
俱相若也惟其有差等故不曰同惟其同一善故曰近
將天下聖賢豪傑常人不一之姿性皆于性相近一言

包括故曰人皆可以爲堯舜將世人引蔽習染好色好貨以至弑君弑父無窮之罪惡皆于習相遠一句定案故曰非才之罪也非天之降材爾殊也孔孟之旨一也昔太甲顛覆典刑如程朱作阿衡必將曰此氣質之惡○而伊尹則曰茲乃不義習與性成大約孔孟而前責之習使人去其所本無程朱以後責之氣使人憎其所本有是以人多以氣質自諉竟有山河易改本性難移之諺矣其誤世豈淺哉

此理皆聖賢所罕言者而近世大儒如河南程先生橫渠張先生嘗發明之其說甚詳

以聖賢所罕言而諄諄言之至於何年習數何年習禮

何年學樂周孔日與天下共見者而反後之便是禪宗

郁浩問曰趙書記嘗問浩如何是性浩對以伊川云孟子言性善是極本窮原之性孔子言性相近是氣質之性趙云安得有兩樣只有中庸說天命之謂性自分明曰公當初不會問他既謂之善固無兩般纔說相近須有兩樣

善哉書記認性眞確朱子不如大舜舍已從人矣殊不思夫子言相近正謂善相近也若有惡則如黑白氷炭何近之有

孟子言性只說得本然底論才亦然荀楊韓諸人雖是論性其實只說得氣

不本然便不是性

問氣質之說起自何人曰此起于程張其以爲極有功于聖門有補於後學

程張隱爲佛氏所惑又不解惡人所從來之故遂杜撰氣質一說誣吾心性而乃謂有功聖門有補來學誤甚

程子曰善惡皆天理謂之惡者本非惡但或過或不及便如此蓋天下無性外之物本皆善而流于惡耳

玩本非惡但或過或不及便如此語則程子本意亦未嘗謂氣質之性有惡凡其所謂善惡者猶言偏全純駁清濁厚薄焉耳但不宜輕出一惡字馴至有氣質惡爲吾性害之說立言可不慎乎　流於惡流字有病是將謂源善而流惡或上流善而下流惡矣不知源善者流

亦善一流無惡者下流亦無惡其所謂惡者乃是他逐
旋路別有點染譬如水出泉若皆行石路雖自西海達
于東海毫不加濁其有濁者乃[illegible]土染之不可謂水本
清而流濁也知濁者爲土所染非水之氣質則知惡者
是外物染乎性非人之氣質矣

問善固性也固是若云惡亦不可不謂之性則此理本善
因氣而鶻突雖是鶻突然亦是性也曰他原頭處都是善
因氣偏這性便偏了然此處亦是性如人渾身都是惻隱
而無羞惡都羞惡而無惻隱這箇便是惡的這箇喚做性
那不是如墨子之心本是惻隱孟子推其弊到得無父處
這箇便是惡亦不可不謂之性也



乙

此段朱子極力刻畫氣質之惡明乎此則氣質之有惡昭然矣大明乎此則氣質之無惡昭然矣夫氣偏性便偏一言是程朱氣質性惡本旨也吾意偏于何物下文乃曰如人渾身都是惻隱而無羞惡都羞惡而無惻隱這便是惡嗚呼世豈有皆惻隱而無羞惡皆羞惡而無惻隱之人耶人豈有皆惻隱而無羞惡皆羞惡而無惻隱之性耶不過偏勝者偏用事耳今即有人偏勝之甚一身皆是惻隱非偏於仁之人乎其人上焉而學以至之則爲聖也當如伊尹次焉而學不至亦不失爲屈原一流人其下頑不知學則輕者成一姑息好人重者成一貪溺昧罔之人然其貪溺昧罔亦必有外物引之遂

爲所蔽而僻焉久之相習而成遂莫辨其爲後起爲本
來此好色好貨大率偏于仁者爲之也若當其未有引
蔽未有習染而指其一身之惻隱曰此是好色此是好
貨豈不誣乎即有人一身皆是羞惡非偏於義之人乎
其人上焉而學以至之則爲聖也當如伯夷次焉而學
不至亦不失爲海瑞一流人其下頑不知學則輕者成
一傲岸絕物重者成很毒殘暴之惡人然其很毒殘暴
亦必有外物引之遂爲所蔽而僻焉久之相習而成遂
莫辨其爲後起爲本來大率殺人戕物皆偏於義者爲
之也若當其未有引蔽未有習染而指其一身之羞惡
者曰此是殺人此是戕物豈不誣乎墨子之心原偏於

惻隱遂指其偏於惻隱者謂之無父可乎但彼不明其德無斷義之功見此物亦引愛而出見彼物亦引愛而出久之相習即成一兼愛之性其弊至視父母如路人則惡矣然亦習之至此非其孩提即如此也即朱子亦不得不云孟子推其弊至于無父則下句不宜承之曰惡亦不可不謂之性也

朱子曰濂溪說性者剛柔善惡中而已矣濂溪說性只是此五者他又自有說仁義禮智底性時若論氣質之性則不出此五者然氣稟底性便是那四端底性非別有一種性也

既云氣稟之性即是四端之性別無二性則惡字從何

加之可云惡之性即善之性乎蓋周子之言善惡或亦如言偏全耳然偏不可謂爲惡也偏亦命于天者也雜亦命於天者也惡乃成於習耳如官然正印固君命也副貳獨非君命乎惟山寨僭僞非君命耳如生物之本色然五色兼全且均勻而有條理者固本色也獨黃獨白非本色乎即色有錯雜獨非本色乎惟[illegible]壁汚泥糞漬煤染非本色耳今乃舉副貳雜職與僭盜同誅以偏色錯彩與汚染并厭是惟正印爲君命純美爲本色惟堯舜孔孟爲性善也烏乎可　周子太極圖原本之道士陳希夷禪僧壽涯豈其論性亦從此誤而諸儒遂皆宗之歟

言若水之就下處當時只是滚說了蓋水之就下便是喻性之善如孟子所謂過顙在山雖不是順水之性然不謂之水不得這便是前面惡亦不可不謂之性之說

竭盡心力必說性有惡何爲　弒父殺君亦是人然非人之性過顙在山亦是水然非水之性

水流至海而不汙者氣稟清明自幼而善聖人性之而全其天者也流未遠而已濁者氣稟偏駁之甚自幼而惡者也流既遠而方濁者長而見異物而遷焉失其赤子之心者也濁有多少氣之昏明純駁有淺深也不可以濁者不爲水惡亦不可不謂之性也

水流未遠而濁是水出泉即遇易亂之土水全無與也

水亦無如何也人之自幼而惡是本身氣質偏駁易于引徽習染人與有責也人可自力也如何可倫　人家牆卑易于招盜牆誠有咎也但責牆曰汝即盜也受乎哉

因言舊時人嘗裴惠山泉去京師或時臭了京師人會洗水將沙石在篚中上面傾水從篚中下去如此十數番便澌如故

此正洗水之習染非洗水之氣質也

而今講學用心著力都是用這氣去尋個道理

然則氣又有用如此而謂其有惡乎

或問形而後有氣質之性其所以有善惡之不同何也勉

齋黃氏曰氣有偏正則所受之理隨而偏正氣有昏明則所受之理隨而昏明木之氣盛則金之氣衰故仁常多而義常少金之氣盛則木之氣衰故義常多而仁常少若此者氣質之性有善惡也

是以偏爲惡矣則伯夷之偏清柳下惠之偏和亦謂之惡乎

愚嘗質之先師答曰未發之前氣不用事所以有善而無惡至哉此言也

未發之前可羨如此則已發可憎矣宜乎佛氏之打坐入定空却一切也黃氏之言不愈背誕乎

氣有清濁譬如着些物蔽了發不出如柔弱之人見義不

爲爲義之意却在裏面只是發不出如燈火使紙罩了光
依舊在裏面只是發不出來拆去了紙便自是光
此紙原是罩燈火者欲燈火明必拆去紙氣質則不然
氣質拘此性即從此氣質明此性還用此氣質發用此
性何爲拆去且何以拆去　拆而去之又不止孟子之
所謂戕賊人矣
以人心言之未發則無不善已發則善惡形焉然原其所
以爲惡者亦自此理而發非是別有箇惡與理不相干也
若別有箇惡與理不相干却是有性外之物也
以未發爲無不善已發則善惡形是謂未出土時純是
麥既成苗時即成麻與麥有是理乎至謂所以爲惡亦

自此理而發是誣吾人氣質並誣吾人性理其初尚近

韓子三品之論至此竟同荀氏性惡楊氏善惡混矣

北溪陳氏曰自孟子不說到氣稟所以荀子便以性爲惡楊子便以性爲善惡混韓文公又以爲性有三品都只是說得氣近世東坡蘇氏又以爲性未有善惡五峯胡氏又以爲性無善惡都只含糊云云至程子于本性之外又發出氣質一段方見得善惡所從來又曰萬世而下學者只得按他說更不可改易

程張于衆論無統之時獨出氣質之性一論使荀楊以來諸家所言皆有所依歸而世人無窮之惡皆有所歸咎是以其徒如空谷聞音欣然著論嚮世而天下之爲

高者愈阻曰我非無志也但氣質原不如聖賢耳天下之爲惡者愈不懲曰我非樂爲惡也但氣質無如何耳且從其説者至出辭悖戾而不之覺如陳氏稱程子于本性之外發出氣禀一段噫氣禀乃非本來者乎本來之外乃别有性乎又曰方見得善惡所從來惡既從氣禀來則指漁色者氣禀之性也黷貨者氣禀之性也弑父弑君者氣禀之性也將所謂引蔽習染反置之不問是不但縱賊殺良幾于釋盜寇而囚吾兄弟子姪矣異哉

潛室陳氏曰識氣質之性善惡方各有著落不然則惡從何處生孟子專言義理之性則惡無所歸是論性不論氣

不備孟子之說爲未備

觀告子或人三說是孟子時已有荀楊韓張程朱諸說矣但未明言氣質二字耳其未明言者非其心思不及乃去聖人之世未遠見習禮習樂習射御習書數非禮勿視聽言動皆以氣質用力即此爲存心即此爲養性故曰志至焉氣次焉故曰持其志無暴其氣故曰養吾浩然之氣故曰惟聖人然後可以踐形當時儒者視氣質甚重故雖異說紛紛已有隱壞吾氣質以誣吾性之意然終不敢直誣氣質以有惡也魏晉以來佛老肆行乃于形體之外別狀一空虛幻覺之性靈禮樂之外別作一閉目靜坐之存養佛者曰入定儒者曰吾道亦有

入定也老者曰內丹儒者曰吾道亦有內丹也借四子五經之文行楞嚴參同之事以躬習其事爲粗迹則自以氣骨血肉爲分外于是始以性命爲精形體爲累乃敢以有惡加之氣質相衍而莫覺其非矣賢如朱子而有氣質爲吾性害之語他何說乎噫孟子于百說紛紛之中明性善及才情之善有功于萬世今乃以大賢諄諄然罷口敝舌從諸妄說辯出者復以一言而誣之曰孟子之說原不明不備原不曾折倒告子噫孟子果不明乎果未備乎何其自是所見妄議聖賢而不知其非也

問目視耳聽此氣質之性也然視之所以明聽之所以聽

抑氣質之性耶抑義理之性耶曰目視耳聽物也視明聽聰物之則也來問可施於物則不可施於言性若言性當云好色好聲氣質之性正色正聲義理之性

詩云天生烝民有物有則民之秉彝好是懿德孔子曰爲此詩者其知道乎有物必有則民之秉彝也故好是彝德詳詩與子言物則非性而何況朱子解物則亦云如有父子則有孝慈有耳目則有聰明之類非謂孝慈即父子之性聰明即耳目之性乎今陳氏乃云來問可施于物則不可施于言性是謂物則非性矣又云若言性當云好色好聲氣質之性正色正聲義理之性是物則非義理之性並非氣質之性矣則何者爲物之則乎

大約宋儒認性大端既差不惟証之以孔孟之旨不合
即以其說互參之亦自相矛盾各相牴牾者多矣如此
之類當時皆能欺人且以自欺蓋空談易于藏醜是以
舍古人六府六藝之學而高談性命也予與友人法乾
王子初爲程朱之學談性天似無鬮齬一旦從事於歸
除法已多艱誤況禮樂之精繁乎昔人云畫鬼容易畫
馬難正可喻此
臨川吳氏曰孟子道性善是就氣質中挑出其本然之理
而言然不曾分别性之所以有不善者因氣質之有濁惡
而汚壞其性也故雖與告子言而終不足以觧告子之惑
至今人讀孟子亦見其未有以折倒告子而使之心服也

孟子時雖無氣質之說必有言才不善情不善者故孟子曰若夫爲不善非才之罪也非天之降才爾殊也人見其禽獸也以爲未嘗有才焉者是豈人之情也哉凡孟子言才情之善即所以言氣質之善也歸惡于才情氣質是孟子所深惡是孟子所亟辯也宋儒所自恃以爲備于孟子密于孟子發前聖所未發者不知其蹈告子二或人之故智爲孟子所詞而闢之者也顧反謂孟子有未備無分曉然猶時有囘護語未敢遽處孟子上至于元儒則公然肆口以爲程朱言未備指孟子之言性而言也言不明指荀楊世俗之論性者言也是夷孟子于荀楊世俗矣明言氣質濁惡汚吾性壞吾性不知

耳目口鼻手足五臟六腑筋骨血肉毛髮俱秀且備者人之精也雖蠢蠢猶異于物也呼吸充周榮潤運用乎五官百骸粹且靈者人之氣也雖蠢蠢猶異于物也故曰人爲萬物之靈故曰人皆可以爲堯舜其靈而能爲者卽氣質也非氣質無以爲性非氣質無以見性也今乃以本來之氣質而惡之其勢不並本來之性而惡之不已也以作聖之氣質而視爲汚性壞性害性之物明是禪家六賊之說其勢不混儒釋而一之不已也能不爲此懼乎是以當此普地狂瀾汎濫東奔之時不度勢不量力駕一葉之舟而欲挽其流多見其危也然而不容已也　觀至雖與告子言終不足以解告子之惑至今讀

孟子亦見其未有以折倒告子而使之心服嘆曰吳臨川何其似吾童時之見也吾十餘歲讀孟子至義內章見敬叔敬弟之說猶之敬兄酌鄉人也公都子何據而遽燎然不復問乎飲湯飲水之喻猶之敬叔敬弟也孟季子何見而遂憮然不復辯乎至後從長之者義乎句悟出則見句句是義內矣今觀孟子辯性諸章皆據人情物理指示何其痛快明白告子性甚執不服必更辯今既無言是已折倒也吳氏乃見爲不足解惑見爲未折倒告子是其見卽告子之見而識又出告子下矣

朱子曰孟子終是未備所以不能杜絕荀楊之口

程朱志爲學者也卽所見異于孟子亦當虛心以思何

爲孟子之見如彼或者我未之至乎更研求告子荀楊之所以非與孟子之所以是自當得之乃竟取諸說統之爲氣質之性別孟子爲本來之性自以爲新發之秘兼全之識反視孟子爲偏而未備是何也去聖遠而六藝之學不明也孟子如明月出于黃昏太陽之光未遠專望孔子爲的意見不以用曲學邪說不以雜程朱則如末旬之半夜偶一明色睒爍之星出一時晴星既不見此光而去日月又遠卽儼然太陽而明月亦不知尊矣又古者學從六藝入其中涵濡性情歷練經濟不得獵等力之所至見斯至焉故聰明如端木子猶以孔子爲多學而識直待晋老學深方得聞性道一聞夫子以

顏子比之爽然自失蓋因此學好大驚荒不得也後世誦讀訓詁主靜致良知之學極易于身在家庭目遍天下想像之久以虛爲實遂侈然成一家言而不知其誤也

吳氏曰程子性卽理也云云張子云形而後有氣質之性云云此言最分曉而觀者不能解其言反爲所惑將謂性有兩種蓋天命之性氣質之性兩性字只是一般非有兩等性也

程張原知二之則不是但爲諸子釋氏世俗所亂遂至言性有二矣既云天地之性渾是一善氣質之性有善有惡非兩種性而何可云惡卽理乎

問孟子言命若仁義禮智信五常皆是天所命如貴賤死生壽夭之命有不同如何曰都是天所命稟得精英之氣便爲聖爲賢便是得理之全得理之正稟得清明者曰英爽稟得敦厚者曰溫和稟得清高者便貴稟得豐厚者便富稟得長久者便壽稟得衰頹薄汚（天命無汚當作濁）者便爲愚不肖爲貧爲賤爲夭天有那氣生一箇人出來便有許多物隨他來天之所命固是均一而氣稟便有不齊只看其稟得來如何耳

此段甚醇愚第三圖大意正仿此

三代而上氣數醇濃氣清者必厚必長故聖賢皆貴且富且壽以下反是

愚謂有回轉氣運法惟行選舉之典則清者自高自厚矣

程子曰性無不善其所以不善者才也受于天之謂性禀于氣之謂才才之善不善由氣之有偏正也

罪氣因罪才故曰孟子時人言才情不善即氣質之說程張氣質之性即告子二或人之見也

告子所云固是爲孟子問他他說便不是也

愚謂程朱即告子之說猶屬遥度之語蓋程子竟明許告子所言是且曰爲孟子問他他說便不是似憾告子辭不達意者不知諸先生正不幸不遇孟子問故不自知其不是也

朱子曰性者心之理情者心之動才便是那情之會恁地者情與才絕相近但情是遇物而發路陌曲折恁的去底才是有氣力去做底要知千頭萬緒皆是從心上來

此段確真乃有才情惡氣質惡程子密于孟子之語何也

伊川所謂才與孟子說才小異而語意尤密不可不考

伊川明言其不善乃是才也與孟子之說如冰炭之異性燕越之異轅矣尚得謂之小異乎

氣質之性古人雖不曾與人說考之經典却有此意如書云人惟萬物之靈亶聰明作元后與夫天乃錫王智勇之說皆此意也孔子說性相近也習相遠也孟子辯告子生

之謂性亦是說氣質之性

氣質之性四字未爲不是所差者謂性無惡氣質偏有惡耳茲所引經傳乃正言氣質之性善者何嘗如程張之說哉朱子既惑于其說遂視經傳皆是彼意矣若僕曲爲援引較此更似道心惟微義理之性也人心惟危氣質之性也命也有性焉義理之性也性也有命焉氣質之性也然究不可謂之有惡

問天理人欲同體異用之說如何曰當然之理人合恁地底便是體故仁義禮知爲體如五峯之說則仁與不仁禮與不禮智與不智皆是性如此則性乃一箇大人欲窠子其說乃與東坡子由相似是大鑿脫非小失也

以氣質之性爲有善有惡非仁與不仁禮與不禮皆性乎非説性是一大私欲窠子乎朱子之言乃所以自駁也

博陵　顔元　著

## 性圖

竊謂宋儒皆未得孟子性善宗旨故先繪朱子圖于前而繪愚妄七圖于後以請正于高明長者

### 朱子性圖

性善

性無不善

惡　善

惡不可謂從善中直下來只是不能善則偏於一端而爲惡

發而中節無性不善

右圖解云發而中節無性不善竊謂雖發而不中節亦不可謂有性不善也此言外之弊也惡字下云惡不可

謂從善中直下來此語得之矣則惡字不可與善字相
比爲圖此顯然之失也又云只是不能善此三字甚惑
果指何者不能爲善也上只有一性若以性不能爲善
則誣性也若謂才或情不能爲善則誣才與情也抑言
別有所爲而不能爲善則不明也承此云則偏于一邊
而爲惡但不知是指性否若指性則大非性善二字更
無脫離蓋性之未發善也雖性之已發而中節與不中
節皆善也謂之有惡又誣性之甚也然則朱子何以圖
也反覆展玩乃曉然見其意蓋明天命之性與氣質之
性之別故上二字註之曰性無不善謂其所言天命之
性也下二字善惡並列謂其所言氣質之性也噫氣質

非天所命乎抑天命人以性善又命人以氣質惡有此二命乎然則程張諸儒氣質之性愈分析孔孟之性旨愈晦蒙矣此所以敢妄議其不妥也

妄見圖 凡七

僕自頗知學來讀宋先儒書以爲諸先正真堯舜孔孟也故於通書稱其爲二論後僅見之文尊周子爲聖人又謂得太極圖則一以貫之大程子似顏子於小學稱朱子爲聖人於家禮尊如神明日如有用我者舉此而措之蓋全不覺其于三代以前之學有毫釐之差也惟至康熙戊申不幸大故一一式遵文公家禮罔敢隕越身歷之際微覺有違于性情者哀毁中亦不能辨也及

渾天地間二氣四德化生萬物之圖

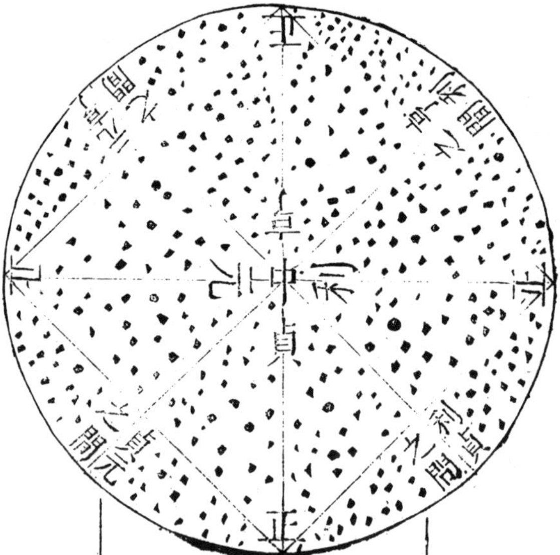


讀記中喪禮始知其多錯誤卒哭王子法乾來弔謂之曰信乎非聖人不可制作非聖人亦不可删定也夫子之脩禮猶屬僭也蓋始知其非聖人也至練後裒稍設

又病不能純衷思不若于衷不至時畧觀書于是檢隨理一册至朱子性圖反覆不能解于之猛思朱子益爲氣質之性而圖也猛思堯舜禹湯以及周孔諸聖皆未嘗言氣質之性有惡也猛思孟子性善才情皆可爲善之論誠可以建天地質鬼神考前王俟百世而諸儒不能及也乃爲妄見圖凡七以申明孟子本意此則其總圖也大圈天道統體也上帝主宰其中不可以圖也左陽也右陰也合之則陰陽無間也陰陽流行而爲四德元亨利貞也四德先儒即分春夏秋冬論語所謂四時行也横豎正畫四德正氣正理之達也四角斜畫四德間氣間理之達也交斜之畫參交通也滿面小點象萬物之化生也莫不交通

莫不化生也無非是氣是理也知理氣融爲一片則知陰陽二氣天道之良能也元亨利貞四德陰陽二氣之良能也化生萬物元亨利貞四德之良能也知天道之二氣二氣之四德四德之生萬物莫非良能則可以觀此圖矣萬物之性此理之賦也萬物之氣質此氣之凝也正者此理此氣也間者亦此理此氣也交雜者莫非此理此氣也高明者此理此氣也卑暗者亦此理此氣也清厚者此理此氣也濁薄者亦此理此氣也長短偏全通塞莫非此理此氣也至于人則尤爲萬物之粹所謂得天地之中以生者也二氣四德者未凝結之人也人者已凝結之二氣四德也存之爲仁義禮智謂之性

者以在内之元亨利貞名之也發之爲惻隱羞惡辭讓是非謂之情者以及物之元亨利貞言之也才者性之爲情者也是元亨利貞之力也謂情有惡是謂已發之元亨利貞非未發之元亨利貞也謂才有惡是謂蓄者元亨利貞能作者非元亨利貞也謂氣質有惡是元亨利貞之理謂之天道元亨利貞之氣不謂之天道也噫天下有無理之氣乎有無氣之理乎有二氣四德外之理氣乎惡其發者是即惡其存之漸也惡其力者是即惡其本之漸也惡其氣者是即惡其理之漸也何也人之性即天之道也以性爲有惡則必以天道爲有惡矣以情爲有惡則必以元亨利貞爲有惡矣以才爲有惡

則必以天道流行乾乾不息者亦有惡矣其勢不盡取三才而毀滅之不已也嗚呼漢魏以來異端昌熾如洪水滔天吾聖人之道如病蠱吐絲迨于五季而倍熾當此時而以惑于異端者誣聖曰聖人之言性本如是也必諸先正之所不忍天道昭布現前如此聖經賢傳指示親切如此而必以惑于世俗者誣天曰天生人之氣質本有惡也亦必諸先正之所不敢其爲此論特抑特諺所云習俗移人賢者不免耳是圖也正就程張朱發明精確者一推衍之非敢謂于先儒之見有加也特不雜于荀楊佛老而已矣正則氣質之性一訂釋之非謂無氣質之性也特不雜以引蔽習染而已矣意之不能

盡者仍詳說于各圖下無非欲人共見乎天道之無他人性之本善使古聖賢性習之原旨瞭然復明于世則人知爲絲毫之惡皆自黜其光榮之本體極神聖之善始自踐其固有之形骸而異端重性輕形因而滅絕倫紀之說自不得以惑人心喜靜惡動因而廢棄六藝之妄自不得以蕪正道諸先正之英靈必深喜其偶誤頓洗而大快乎聖道重光僕或幸可以告無罪矣其辭不副意未足闡天人之秘或反汨性理者膚陋亦不敢自保其無也願長者其賜教焉

陰陽流行而爲四德順者如春德與夏德順也逆者如春德與秋德逆也交者二德合或三四合也通者自一

二氣四德順逆交通錯綜薰烝變易感觸聚散卷舒以化生萬物之圖

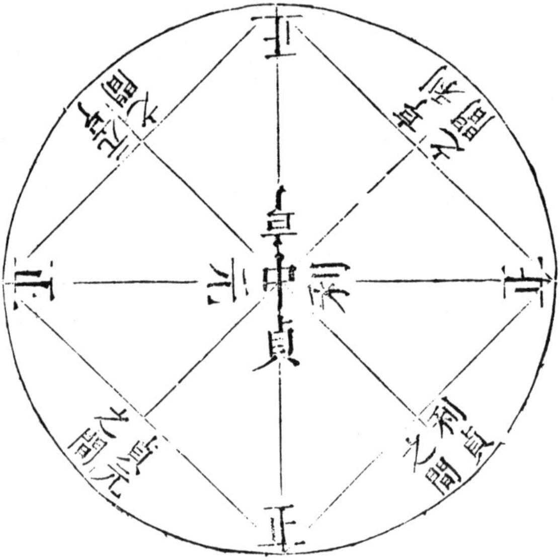


以下三圖即就總圖中摘出論之

德達一德或中達正間正間達中正正達間間達正正正達間間達之類也錯者陰陽剛柔彼此相對也綜者陰陽剛柔上下相穿也熏者如香之薰物居此及彼以蘊

洽實不必形接而臭至之也烝者如烝食如天地絪縕下漸上也一發而普遍也變者化也有而無也無而有也或德相變或正間斜相變也如田鼠化鴽雀化為蛤之變也易者神也往來也更代也治也陽乘陰陰承陽也感者通應也如感月光感蒼龍感流星之類是也觸者邂逅也不期遇也如一流復遇一流舟行遇山火發遇雨雲集遇風之類是也聚者理氣結也一德聚或二三四德共聚也散者散其聚也舒者縷長直去也卷者廻其舒也十六者四德之變也德惟四而其變十六十六之變不可勝窮焉爲運不息也止有常也照臨薄食也燦列流隕進退隱見也吹虛震盪也高下平陂土石

毛枯也會分燥濕流止也稱老彫瞀材灰也飛潛蠕植不可紀之狀也至于人清濁厚薄長短高下或有所清有所濁有時厚有時薄大長小長大短小短時高時下參差無盡之變皆四德之妙所爲也世固有妖氛瘴厲亦因人物有所激感而成如人性之有引蔽習染而非其本然也或謂既已感激而成妖孽則稟是氣而生者即爲惡氣惡質不知雖極汚穢及其生物仍返其元猶是純潔精粹二氣四德之人不即汚穢也如糞中生五穀瓜蔬俱成佳品斷不臭惡穢朽生芝鯀瞍生聖此其彰明較著者也

四德之理氣分合交感而生萬物其稟乎四德之中者

萬物化生於二氣四德中邊直屈方圓衡僻齊銳離合遠近違遇大小厚薄清濁強弱高下長短疾遲全缺之圖

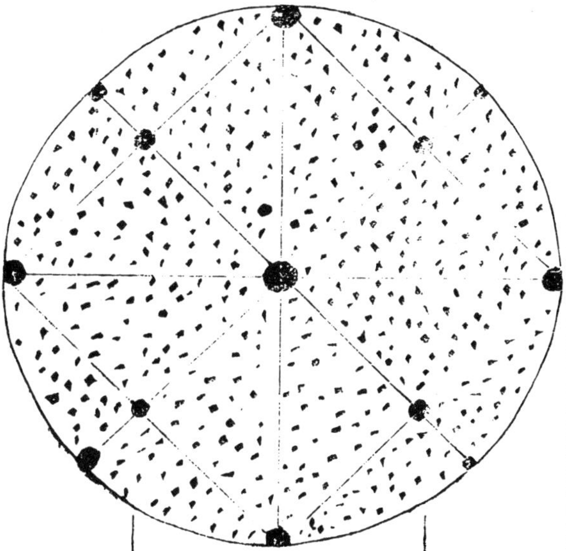

則其性質調和有大中之中有正之中有間之中有斜之中有中之中其稟乎四德之邊者則其性質偏僻有中之邊有正之邊有間之邊斜之邊邊之邊其稟乎四

德之直者則性質端果有中之直正之直間之直斜之直直之直其禀乎四德之屈者則性質曲折有中之屈有正之屈間之屈斜之屈屈之屈其禀乎四德之方者則性質板稜有中之方正之方間之方有斜之方方之方其禀乎圓者則性質通便有中之圓正之圓間之圓斜之圓圓之圓其禀乎四德之衡者則性質繁華有中之衡有正之衡有間之衡有斜之衡有衡之衡其禀乎僻者則其性質閒靜有中之僻正之僻間之僻有斜之僻有僻之僻其禀乎四德之齊者性質漸鈍禀乎四德之銳者性質尖巧亦有中正間斜之分焉禀乎四德之離者性質孤疎禀乎四德之合者性質親密亦有中正

間斜之分焉稟乎四德之違者則性質奔馳稟乎四德之近者則性質拘謹亦有中正間斜之分焉其稟乎遲者性質乖左稟乎遇者性質湊濟亦有中正間斜之分焉稟乎大者性質廣濶稟乎小者性質狹隘亦有中正間斜之分焉至于得其厚者敦厖得其薄者磽瘠得其清者聰明得其濁者愚蠢得其強者壯往得其弱者退諉得其高者尊貴得其下者卑賤得其長者壽固得其短者夭折得其疾者早速得其遲者晚滯得其全者克滿得其缺者破敗亦莫不有中正間斜之别焉此三十二類者又十六變之變也三十二類之變又不可勝窮焉然而不可勝窮者不外于三十二類也三十二類不

外于十六變也十六變不外四德也四德不外于二氣二氣不外于天道也舉不得以惡言也昆蟲艸木蛇蠍豺狠皆此天道之理之氣所爲而不可以惡言況所稱受天地之中得天地之粹者乎

單繪一隅即元亨以見意之圖

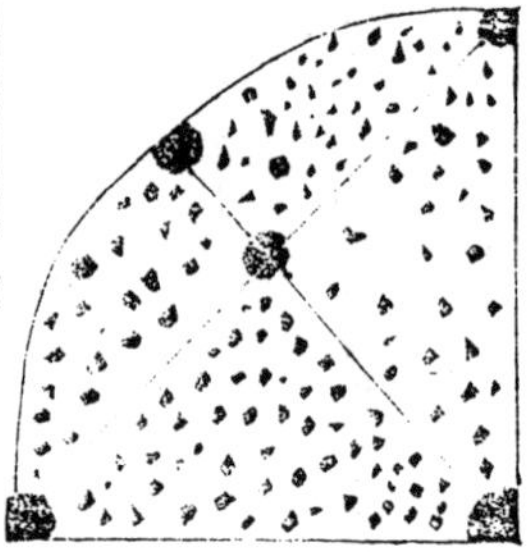

既有萬物圖復摘繪其一隅者全圖意有所不能盡復即一隅以盡其曲折也此上黑點亦象萬物姑以人之性質言之如中角半大點理氣會其大中四德全體無

不可通而元亨爲尤盛得其理氣以生人則惻隱辭讓多或裹元而表亨則中惠貌莊之人也或裹亨而表元則中嚴貌順之人也然以得中也四德無不可通也則有爲聖人者焉有爲賢人者焉有爲士者焉以通元亨之間去利貞之濟遠也則亦有爲常人者焉皆行生之自然不可齊也仁之勝者聖如伊尹賢如顏子士如黃憲常人如里巷中溫厚之人禮之勝者聖如周公賢如子華士如樊英常人如里巷矜持之人南邊一大點則偏亨用事禮勝可知也準中之禮盛例而達乎元者頗難達乎利貞者尤難然而可通乎中以及乎貞可邊通乎元利可斜通乎利亨之交可邊通乎亨利之間而因

應乎元貞之間可邊通乎亨元之間而因應乎貞利之間可斜通乎亨元之交故雖禮勝而四德皆通無不可爲樊英子華周公也東邊一大點則偏元用事仁勝可知也準中之仁勝側而達乎亨者難達乎貞利者更難然而可通乎中以及于利可邊通乎貞亨可斜通乎貞元之交可邊通乎元貞之間而因應乎利亨之間可邊通乎元亨之間而亦因應乎利貞之間可斜通乎元亨之交故雖仁勝而四德皆通亦無不可爲叔度顏子伊尹也東南隅一大點元亨之間也然直通元亨之斜以達于中而與貞利之間爲正應雖間而用力爲之亦無不可爲黃樊顏西伊周也隅中一大點居元亨斜間之

交而似中非中然斜中達于大中而通及貞利雖間斜而用力為之亦無不可為黃樊顏西伊周也其隅中若于小點或大或小或方或圓或齊或銳或疏或密或衡或僻或近中或近正或近間或近斜或近元或近亨者亦莫不以一德或二德兼含四德之氣理而寓一中所謂人得天地之中以生也是故通塞正曲雖各有不同而盈宇宙無異氣無異理苟勉力為之而勿刻以行其惻隱不傲以行其恭敬亦無不可為黃樊顏西伊周也故曰人皆可以為堯舜而全體從可知矣

圖心也仁義禮智性也心一理而統此四者非塊然有四件也既非塊然四件何由而名為仁義禮智也以發

孟子性情才皆善之圖

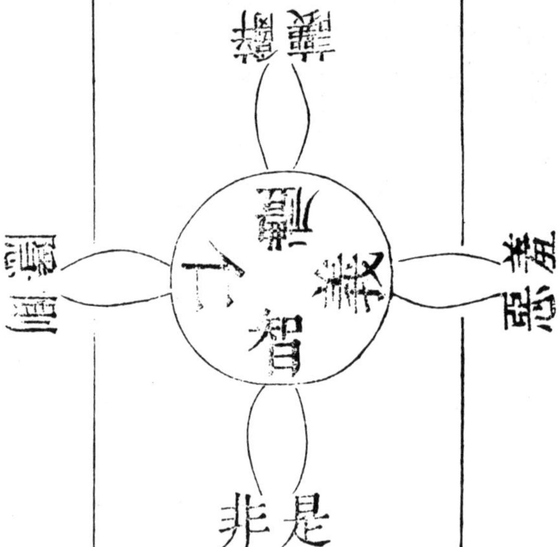


之者知之也則惻隱羞惡辭讓是非也發者情也能發而見于事者才也則非情才無以見性非氣質無所爲情才即無所所爲性是情非他即性之見也才非他即性

之能也氣質非他卽性情才之氣質也一理而異其名
也若謂性善而才情有惡譬則苗矣是謂種麻而秸實
遂雜麥也性善而氣質有惡譬則樹矣是謂內之神理
屬柳而外之枝榦乃爲槐也自有天地以來有是理乎
後儒之言性也以天道人性攙而言之後儒之認才情
氣質也以才情氣質與引蔽習染者雜而言之以天道
攙人性未甚害乎性以引蔽習染雜才情氣質則大誣
乎才情氣質矣此無他認接樹作本樹也嗚呼此豈樹
之情也哉
中渾然一性善也見當愛之物而情之惻隱能直及之
是性之仁其能惻隱以及物者才也見當斷之物而羞

孟子性情才皆善爲不善非才之罪圖

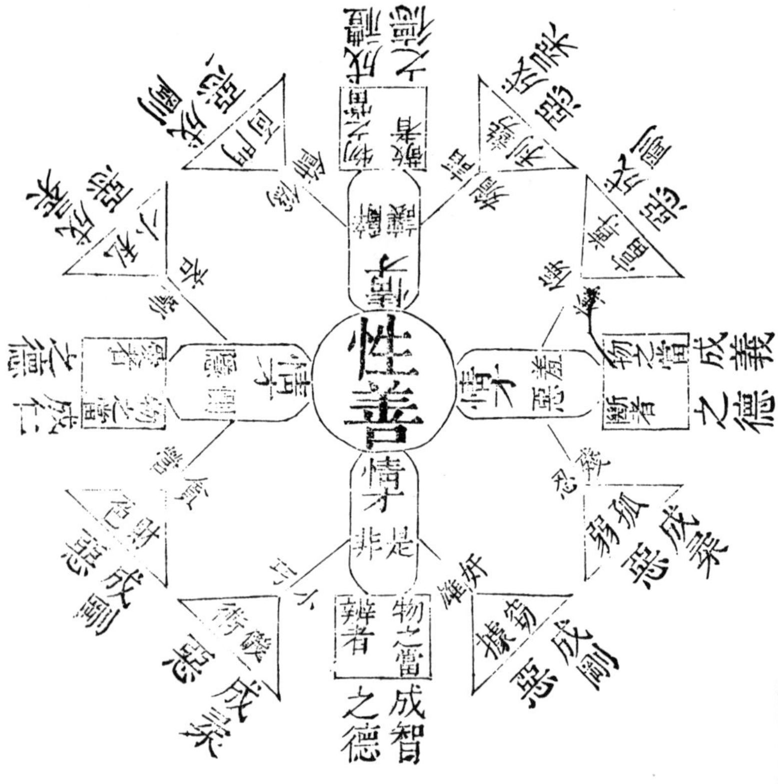

惡能直及之是性之義其能羞惡以及物者才也見當敬之物而辭讓能直及之是性之禮其能辭讓以及物者才也見當辨之物而是非能直及之是性之智其能是非以及物者才也不惟聖賢與道爲一雖常人率性亦皆如此更無惡之可言故孟子曰性善乃若其情可以爲善若爲不善非才之罪也及世味紛乘貞邪不一惟聖人禀有全德大中至正順應而不失其則下此者財色誘于外引而之左則蔽其當愛而不見愛其所不當愛而貪嘗之剛惡出焉私小據于已引而之右則蔽其當愛而不見愛其所不當愛而鄙吝之柔惡出焉以至羞惡被引而爲侮奪殘忍辭讓被引而爲僞飾諂媚

是非被引而為奸雄小巧種種之惡所從來也然種種之惡非其不學之能不慮之知必且進退齟齬本體講見不純為貪營鄙吝諸惡也猶未與財色等相習而染也斯時也惟賢士豪傑稟有大力或自性覺悟或師友提撕知過而善反其天又下此者賦稟偏駁引之既易而反之●甚難引愈頻而蔽愈遠習漸久而染漸深以至染成貪營鄙吝之性之情而本來之仁不可知矣染成侮奪殘忍之性之情而本來之義不可知矣染成偽飾諂媚之性之情與奸雄小巧之性之情而本來之禮智俱不可知矣嗚呼禍始引蔽成于習染以耳目口鼻四肢百骸可為聖人之身竟呼之曰禽獸猶幣帛素色而

既汚之後遂呼之曰赤帛黑帛也而豈其材之本然哉然人爲萬物之靈又非幣帛所可倫也幣帛既染雖故質尚在而驟不能復素人則極凶大慝本體自在止觀反不反力不力之間耳嘗言盜蹠天下之極惡矣年垂八十染之至深矣倘乍見孺子入井亦必有怵惕惻隱之心但習染重者不易反也蠡一吏婦淫奢無度已踰四旬疑其習與性成矣丁亥城破產失歸田朴素勤儉一如農家乃知縶蹶囹圄數年而出之孔子之堂又數年亦可復善吾故曰不惟有生之初不可謂氣質有惡即習染凶極之餘亦不可謂氣質有惡也此孟子夜氣之論所以有功于天下後世也程朱未識此意而甚快

夜氣之說則亦依稀之見而已矣

因引蔽習染一端錯誤之圖

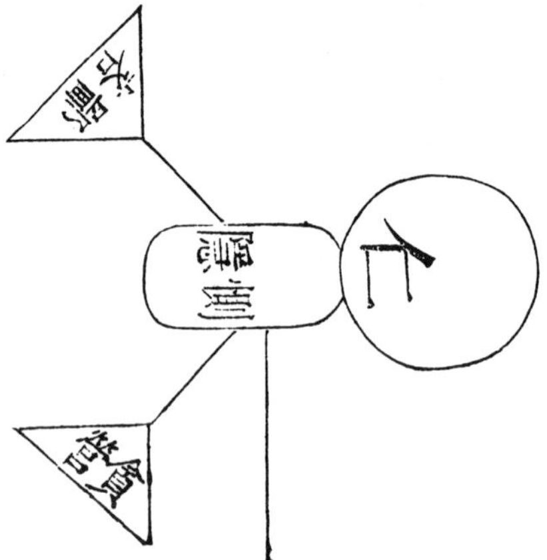


吾之論引蔽習染也姑以仁之一端觀之性之未發則仁既發則惻隱順其自然而出之則愛之次有兄弟又次有夫妻子孫則愛之又次有宗族戚黨鄉里朋友則愛之其愛兄弟夫妻子孫視父母有別矣愛宗族戚

黨鄉里覩兄弟夫妻子孫又有别矣至于愛百姓又將
愛鳥獸草木又别矣此乃天地間自然有此倫類自然
有此仁自然有此差等不由人造作不由人意見推之
義禮智無不皆然故曰渾天地間一性善也故曰無性
外之物也但氣質偏駁者易流見妻子可愛反以愛父
母者愛之父母反不愛焉見鳥獸草木可愛反以愛人
者愛之人反不愛焉是謂貪嗇鄙吝以至貪所愛而弑
父弑君吝所愛而殺身喪國皆非其愛之罪誤愛之罪
也又不特不仁而已也至于愛不獲宜而爲不義愛無
節文而爲無禮愛昏其明而爲不智皆一誤爲之也固
非仁之罪也亦豈惻隱之罪哉使篤愛于父母則愛妻

子非惡也使篤愛于人則愛物非惡也如火烹炮水滋潤刀殺賊何咎或火灼人水溺人刀殺人非火水刀之罪也亦非其熱寒利之罪也手持他人物足行不正塗非手足之罪也亦非持行之罪也耳聽邪聲目視邪色非耳目之罪也亦非視聽之罪也皆誤也皆誤用其情也誤始惡不誤不惡也引蔽始誤不引徹不誤也習染始終誤不習染不終誤也去其引蔽習染者則猶是愛之情也猶是愛之才也猶是用愛之人之氣質也而惻其所當惻隱其所當隱仁之性復矣義禮智猶是也故曰率性之謂道也故曰道不遠人也程朱惟見性善不真反以氣質爲有惡而求變化之是戕賊人以爲仁義

遠人以爲道矣然則氣質偏駁者欲使私欲不能引染如之何惟在明明德而已存養省察磨厲乎詩書之中涵濡乎禮樂之場周孔教人之成法固在也自治以此治人即以此使天下相習于善而預遠其引蔽習染所謂以人治人也若靜坐閉眼但可供精神短淺者一時之儀攝訓詁著述亦止許承接秦火者一時之補苴如謂此爲主敬此爲致知此爲有功民物僕則不敢爲諸先正黨也故曰欲粗之于周孔之道者大管小管也欲精之于周孔之道者大佛小佛也

又如仁之勝者愛用專其事亦有別矣如士庶人卿大夫諸侯天子之愛親見諸孝經者仁之中也有大夫而

奉親如士庶者不及士庶如大夫之奉親者過而未失乎發之之正也吾故曰不中節亦非惡也惟堂有父母而懷甘旨入私室則惡矣若甘旨進父母何惡室有妻媵而辱恩情于匹配則惡矣若恩情施妻媵何惡故吾嘗言竹節或多或少皆善也惟節外生蛭乃惡也然竹之生蛭能自主哉人則明德明而引蔽自不乘故曰先立乎其大者則其小者不能奪也全體者爲全體之聖賢偏勝者爲偏至之聖賢下至椿津之友恭牛弘之寬恕皆不可謂非一節之聖宋儒乃以偏爲惡不知偏不引蔽偏亦善也未可以引蔽之偏誣偏也木火一偶圖中仁勝之說可玩也或疑仁勝而無義則泛濫失宜將

愛父母如路人對盜賊而欲獻豈不成其不宜之惡乎仁勝而無禮則節文不敷將養父母同犬馬踰東家摟處子豈不成其不檢之惡乎仁勝而不智則可否無辨將從井救人莫知子惡豈不成其迷惑之惡乎予以爲此必不如性者之言也夫性則必如吾前仁之一端之說斷無天生之仁而有視父母如路人諸惡者蓋本性之仁必寓有義禮智四德不相離也但不盡如聖人之全相濟如攜耳試觀天下雖甚和厚人不能無所羞惡無所辭讓無所是非但不如聖人之大中相濟適當耳其有愛父母同路人對盜賊而欲獻等惡者必其有所引蔽習染而非赤子之仁也禮義智猶是也熟閱孟子

而盡其意細觀赤子而得其情則孔孟之性旨明而心性非精氣質非粗不惟氣質非吾性之累害而且舍氣質無以存養心性則吾所謂三事六府六德六行六藝之學是也是明明德之學也即謂爲變化氣質之功亦無不可有志者倘實以是爲學爲教斯孔門之博文約禮孟子之存心養性乃再見于今日而吾儒有學術天下有治平異端淨掃復覩三代乾坤矣

## 圖跋

嗟乎性不可以言傳也而可以圖寫乎雖果見孔孟所謂性且不可言傳圖寫而況下愚不足聞性道如僕者乎但偶爾一綫悟機似有彷彿乎方寸者此或僕一人

之所謂性尙非孔孟所謂性未可知也況僕所見尙有不能圖盡者乎語云理之不可見者言以明之言之不能盡者圖以示之圖之不能盡者意以會之吾願觀者緣其旨于圖間會其意于圖外假之以宣自心之性靈因之以察僕心之愚見庶不至以佛氏六賊之說誣吾才情氣質或因此而實見孔孟之所謂性亦未可知也若指某圈曰此性也某畫曰此情也某點曰此氣質也某形勢曰此性情才質之皆善無惡也則膠柱鼓瑟而于七圖無往不扞格背戾且于僕所謂一綫者而不可得又安望由此以得孔孟所謂性乎恐此圖之爲性害更有甚于宋儒之說者矣雖然即使天下後世果各出

其心意以會乎僕一綫之意遂因以見乎孔孟之意猶非區區苦心之所望也僕所望者明乎孔孟之性道而荀楊周程張朱釋老之性道可以不言也明乎孔孟之不欲言性道而孔孟之性道亦可以不言也而性道始可明矣或曰孔子罕言矣孟子動言性善何言乎不欲言也●曰有告子二或人之性道孟子不得已而言性善也猶今日有荀楊佛老程張之性道吾不得已而言才情氣質之善也試觀答告子諸人但取足以折其詞而止初未嘗言性善所由然之故猶孔子之罕言也宋人不解而反譏其不備誤矣或曰吾儒不言性道將何以體性道盡性道余曰吾儒日言性道而天下不聞也日

體性道而天下相安也曰盡性道而天下相忘也惟言乎性道之作用則六德六行六藝也惟體乎性道之功力則習行乎六德六行六藝也惟各究乎性道之事業則在下者師若弟在上者君臣及民無不相化乎德與行藝而此外無學教無成乎也如上天不言而時行物生而聖人體天立教之意著矣性情之本然見氣質之能事畢矣而吾之七圖亦可以焚矣故是編後大之以存學存治云

附錄同人語

上谷石卿張氏曰性即是氣質底性堯舜底氣質便有堯舜底性呆獃底氣質便有呆獃的性而究不可謂性惡

又曰人性無二不可從宋儒分天地之性氣質之性

先生賜教在未著存性前惜當時方執程朱之見與之反覆辯難及喪中悟性始思先生言性真確期服闋入郡相質而先生竟捐館矣嗚呼安得復如先生者而與之言性哉

督亢介祺王氏曰氣質即是這身子不成孩提之童性善身子偏有不善

又曰天生人來渾脫是箇善

又曰氣質天命分二不得

書後

孟子曰性善即魯論之性相近也言本善也晏子曰汩俗

移氣習染移性即魯論之習相遠也言惡所由起也後儒不解忽曰氣質有惡而性亂矣聖賢之言背矣先生辭而辯之功豈在禹下哉特先生性圖入太極五行諸說則于後儒誤論當時尚有未盡洒者俟後覺先生曰周子太極圖真元品道家圖也易有太極兩儀指揲蓍言非謂太極爲一物而生天地萬物也五行爲六府之五乃流行於世以爲民物用者故箕子論鯀罪曰汩陳其五行非謂五行葢自帝天而能生人生物也生尅乃鄒衍以後方家粗說聖經無有先生曰然吾將更之及先生卒後披其編則更者十七而未及卒業于是承先生意而滌洗之如右康熙

乙酉三月上浣蠡吾門人李塨書

不性祀　卷二　才

# 存學編序

予幼讀四書惟知解字離句稍長畧曉塗鴉隨肆力於詩文及弱冠雖潛心經史亦惟博覽强記是圖忽忽焉若以爲爲學之道遂在是者乙丑歲晤李子剛主語予曰子知讀書未知爲學夫讀書非學也今之讀書者止以明虛理記空言爲尙精神因之而虧耗歲月因之以消磨至持身涉世則茫然曾古聖之學而若此古人之學禮樂兵農可以修身可以致用經世濟民皆在於斯是所謂學也書取以考究乎此而已專以誦讀爲務者非學也且以害學予憣然大呼如醉而醒如夢而覺李子復言此學乃堯舜周孔正傳至後而晦今倡而明之者始自習齋顔先生其議

詳載於所著存學編可觀也予心誌之屏去浮文遂十餘年矣今歲丙子李子至都出是編以示予予讀之且歎且喜以舉世之沉溺誦讀而不知返而予得以屏去浮文而不墜迷途其得力於習齋先生豈淺鮮哉雖然學者實學也是編所以明實學耳猶空言也吾黨若不盡力實學而徒沾沾抱是編以爲得吾恐浮文之士且起而笑其同浴譏裸也

康熙丙子一之日北平後學郭金城拜撰

# 存學編序

客歲戊辰冬習齋先生過塨陬陽寓里指所著存學編曰學明性治俱明矣子爲我訂而序之受命訂訖乃拜手而序曰古之學一而今之學棼古之學實而今之學虛古之學有用而今之學無用今古不相及何其甚也古之爲學也明德親民止至善爲學之之道六德六行六藝爲學之之物八歲就小學學小藝履小節束髮就大學學大藝履大節爲學之之序春秋禮樂冬夏詩書爲學之之時治已則祥治人則當施之四海國家天地位而萬物育人多成材而宇內郅隆有此術也自秦火而后訓詁於漢唐帖括於宋明徒守遺經以爲道古聖教人成法鮮過而問者加

之佛老乘閒而起以清淨虛無亂聖人之心也詩文辭華之輩又假託文章以自鳴儒者不能以全體大用廓清其閒從而爲其所雜程朱陸王皆志欲繼往開來而支離近禪互相譏訶古學亦皆不能復豈責人則明自知則暗與抑世運日趨於耗而實學衰亡賢者亦不能自主與先生生宋明後忽焉於二千年墜緒一旦直指源流嘗謂孔子刪訂孟子論性爲大不得已力求遺學以習行爲主冠昏喪祭必遵古制率弟子習禮習射習書數樂雖不得其全得一節焉即習置日記以考道德行藝得以自勉失則誠焉其卓然有得於學者不惟存之空言而且存之實事嗚呼二千年墜緒劃然復舉孰倡而孰使之耶昔孟子陳學

校遺法於周末韓愈猶以爲制度滅亡空言無補況今去聖益遠學者分騖於旁途曲徑視古人教學成法如盤古大敦莫可究詰先生獨起而矯首抗足以一身力任之誠見其孤且危而岌岌焉難也然而天下之事極則必返今之虛學無用亦已極矣豈其不返矣乎天心其能無意於世也乎堯舜周孔之靈肯漠然已乎吾以知先生之生之非徒然也其將自此學明而士會求實體行實用復古道以正今失而上以是教下以是學天下皆學中人矣參贊位育皆學中事矣學何如其大而所關者何如其鉅耶吾以知先生之所著非徒然也許酉山先生嘗謂塨曰邵堯夫三千年圖以幹枝配易卦每九百六十年甲子遇乾大

道以昌衛甲子遇乾矣數若可信也殆必在斯歟殆必在斯歟

康熙歲在屯巳春月𧖟吾門人李塨頓首拜識

# 存學編卷一

博陵　顏元　著

## 由道

聖人學教治皆一致也民可使由之不可使知之是孔子明言千聖百王持世成法守之則易簡而有功失之徒繁難而寡效故罕言命自處也性道不可得聞教人也立法魯民歌怨爲治也他如予欲無言無行不與莫我知諸章何莫非此意哉當時及門皆望孔子以言孔子惟率之以下學而上達非吝也學教之成法固如是也道不可以言傳也言傳者有先於言者也顏曾守此不失子思時異端將盛或亦逆知天地氣薄自此將不生孔子其人勢必失

性學治本旨不得已而作中庸直指性天已近太瀉故孟子承之教人必以規矩引而不發斷不為拙工改廢繩墨雖規方員深造諸章尤於先王成法致意焉至宋而程朱出乃動談性命相推發先儒所未發以僕觀之何曾出中庸分毫但見支離分裂參雜於釋老徒令異端輕視吾道耳若是者何也以程朱失堯舜以來學教之成法也何不觀精一之旨惟舜禹得聞天下所可見者命九官十二牧所為而已陰陽秘旨文周寄之於易天下所可見者王政制禮作樂而已一貫之道惟曾賜得聞及門與天下所可見者詩書六藝而已烏得以天道性命嘗舉諸口而人人語之哉是以嘗日談天論性聰明者如打謎猜拳愚濁者

如捉風聽夢但彷彿口角各自以爲孔顏復出矣至於靖康之際户比肩摩皆主敬習靜之人而朝廷疆場無片籌寸績之士朱子乃獨具隻眼指其一二碩德程子所許爲後身者曰此此皆禪也而未如二程之所以教之者實近禪故徒見其弊無能易其轍以致朱學之末流猶之程學之末流矣以致後世之程朱皆如程學朱學之末流矣長此不返乾坤尚安賴哉或曰佛氏托於明心見性程朱欲救人而攙之不得不抉精奧以示人余曰噫程子所見已稍浸入釋氏分界故稱其彌近理而太亂眞若以不肖論之只以君子之道四一節指示雖釋迦惡魁亦當垂頭下淚並不必及性命以上也然則如之何曰彼以其虛我以其

實程朱惟當遠宗孔子近師安定以六德六行六藝及兵農錢穀水火工虞之類教其門人成就數十百通儒朝廷大政天下所不能辦吾門人皆辦之險重繁難天下所不敢任吾門人皆任之吾道自尊顯釋老自消亡矣今彼以空言亂天下吾亦以空言與之角又不斬其根而反授之柄我無以深服天下之心而鼓吾黨之氣是以當日一出徒以口舌致黨禍流而後世全以章句誤乾坤上者只學先儒講著稍涉文義即欲承先啓後下者但問朝廷科甲才能揣摩皆騖富貴利達浮言之禍甚於焚坑吾道何日再見其行哉友人刁蒙吉翻孟子之言曰著之而不行焉察矣而不習焉終身知之而不由其道者衆也其所慨深

矣吾意上天仁愛必將篤生聖哲剗荆棘而與堯舜以來中庸之道斷不忍終此元會直如此而已也

## 總論諸儒講學

僕妄謂性命之理不可講也雖講人亦不能聽也雖聽人亦不能醒也雖醒人亦不能行也所可得而共講之共醒之共行之者性命之作用如詩書六藝而已即詩書六藝亦非徒列坐講聽要惟一講即教習習至難處來問方再與講講之功有限習之功無已孔子惟與弟子今日習禮明日習射間有可與言性命者亦因其自悟已深方與言蓋性命非可言傳也不特不講而已也雖有問如子路問鬼神生死南宮适問禹稷羿奡者皆不與答蓋能理會者

渠自理會不能者雖講亦無益自漢唐諸儒傳經講誦宋之周程張朱陸遂羣起角立亟亟焉以講學爲事至明而薛陳王馮因之其一時發明吾道之功可謂盛矣其效使見知聞知者知尊慕孔孟善談名理不作惡不奉釋老名號即不肖如僕亦沐澤中之一人矣然世道之爲叔季自若也生民之不治自若也禮樂之不興自若也異端之日昌而日熾自若也以視夫孔子明道而亂臣賊子果懼孟子明道而楊朱墨翟果熄何啻天淵之相懸也僕氣魄小志氣卑自揣在中人以下不足與於斯道惟願主盟儒壇者遠邁孔孟之功如彼近察諸儒之效如此而垂意於習之一字使爲學爲教用力於講讀者一二加功於習行者

八九則生民幸甚吾道幸甚僕受諸儒生成覆載之恩非敢入室操戈也但以人之歲月精神有限誦說中度一日便習行中錯一日紙墨上多一分便身世上少一分試觀朱子晚年悔枝葉之繁累則禮樂未明是在天者千古無窮之憾也

明親

大學首四句吾奉爲古聖真傳所學無二理亦無二事祇此仁義禮智之德子臣弟友之行詩書禮樂之文以之修身則爲明德以之齊治則爲親民明矣而未親親矣而未止至善吾不敢謂之道也親矣而未明明矣而未止至善吾亦不敢謂之道也親而未明者即謂之親非大學之親

也然既用其功於民皆可曰親其親而未明者漢高帝與唐太宗之類也其親且明而未止至善者漢之孝文光武之流也凡如此者皆宋明以來儒者所共見皆謂之非道者也其明而未親明且親而未止至善者則儒者未之言也非不肯言也非不敢言也堯舜不作孔孟不生人無從證其爲道者一二聰明特傑者出於道略有所見粗有所行遽自謂眞孔孟矣一時共尊爲孔孟焉嗣起者以爲我苟得如先儒足矣是以或學訓解纂集或學靜坐讀書或學直提頓悟至所見所爲能彷彿於前人而不大殊則將就冒認人已皆以爲大儒矣可以承先啓後矣或獨見岐異恍惚道體則輙稱發先儒所未發得孔顏樂處矣又就

知其非大學之道乎此所以皆未之言也天下人未之言數百年以來之人未之言吾獨於程朱陸王之外別有大學之道焉豈不犯天下之惡而受天下僇乎然吾之所懼有甚於此者以爲眞學不明則生民將永被毒禍而終此天地不得被吾道之澤異端永爲剮崎而終此天地不能還三代之舊是以冒死言之望有志繼開者之一轉也夫明而未親卽謂之明非大學之明然旣用其功於德皆可曰明其明而未親者莊周陳摶之類也其明且親而未止至善者周程朱陸薛王之儔也何也吾道有三盛君臣於堯舜父子於文周師弟於孔孟堯舜之治卽其學也敎也其精一執中一二人秘受而已百官所奉行天下所被澤

者如其命九官十二牧所爲耳禹之治水非禹一身盡治天下之水必天下士長於水學者分治之而禹總其成伯夷之司禮非伯夷一身盡治天下之禮必天下士長於禮學者分司之而伯夷掌其成推於九官羣牧咸若是是以能平地成天也文周之治亦即其學也教也其陰陽天人之旨寄之於易而已百官所奉行天下所被澤者如其治岐之政制禮作樂耳其進秀民而教之者六德六行六藝仍本唐虞敷教典樂之法未之有改是以太和宇宙也孔孟之學教即其治也孔子一貫性道之微傳之顏曾端木而已其當身之學與教及門士以待後人私淑者庸言庸德兵農禮樂斗仍本諸唐虞成周之法未之有改故不惟

朞月三年五年七年胥藏其具而且小試於魯三月大治暫師於滕四方歸之單父武城亦見分體是以萬世永遵也秦漢以降則著述講論之功多而實學實敎之力少宋儒惟胡子立經義治事齋雖分析已差而其事頗實矣張子敎人以禮而期行井田雖未舉用而其志可尚矣至於周子得二程而敎之二程得楊謝游尹諸人而敎之朱子得蔡黃陳徐諸人而敎之以主敬致知爲宗旨以靜坐讀書爲工夫以講論性命天人爲授受以釋經註傳纂集書史爲事業嗣之者若眞西山許魯齋薛敬軒高梁溪性地各有靜功皆能著書立言爲一世宗信乎爲儒者煌煌大觀三代後所難得者矣而問其學其敎如命九官十二牧

之所爲者乎如周禮教民之禮明樂備者乎如身教三千
今日習禮明日習射教人必以規矩引而不發不爲拙工
改廢繩墨者乎此所以自謂得孔子眞傳天下後世亦皆
以眞傳歸之而卒不能服陸王之心者原以表裏精粗全
體大用誠不能無歉也陸子分析義利聽者垂泣先立其
大通體宇宙見者無不竦動王子以致良知爲宗旨以爲
善去惡爲格物無事則閉目靜坐遇事則知行合一嗣之
者若王心齋羅念菴鹿太常皆自以爲接孟子之傳而稱
直捷頓悟當時後世亦皆以孟子目之信乎其爲儒中豪
傑三代後所罕見者矣而問其學其教如命九官十二牧
之所爲者乎如周禮教民之禮明樂備者乎如身教三千

今日習禮明日習射教人必以規矩引而不發不爲拙工
改廢繩墨者乎此所以自謂得孟子之傳與程朱之學並
行中國而卒不能服朱許薛高之心者原以表裏精粗全
體大用誠不能無歉也他不具論即如朱陸兩先生倘有
一人守孔子下學之成法而身習夫禮樂射御書數以及
兵農錢穀水火工虞之屬而精之凡弟子從遊者則令某
也學禮某也學樂某也兵農某也水火某也兼數藝某也
尤精幾藝則及門皆通儒進退周旋無非性命也聲音度
數無非涵養也政事文學仝歸也人已事物一致也所謂
下學而上達也合內外之道也如此不惟必有一人虛心
以相下而且君相必實得其用天下必實被其澤人才既

與王道次舉異端可靖太平可期正書所謂府修事和爲吾儒致中和之實地位育之功出處皆得致者也是謂明親一理大學之道也以此言學則與異端判若天淵而不可混曲學望洋浩歎而不敢擬淸談之士不得假魚目之珠文字之流不得逞春華之艷惟其不出於此故旣畢漢唐之訓詁而復事訓詁斥佛老之虛無而終蹈虛無以致紙上之性天愈透而學陸者進支離之譏非譏也誠支離也心頭之覺悟愈捷而宗朱者供近禪之誚非誚也誠近禪也或曰諸儒勿論陽明破賊建功可謂體用兼全又何弊乎余曰不但陽明朱門不有蔡氏言樂乎朱子常平倉制與在朝風度不皆有可觀乎但是天資高隨事就功非

全副力量如周公孔子專以是學專以是教專以是治道或曰新建當日辭略何以知其不以為學教者余曰孔子嘗言二三子有志於禮者其於赤乎學之如某可治賦某可為宰某達某藝弟子身通六藝者七十二人王門無此凡其擒宸濠破桶岡所共事者皆當時官吏偏將參謀弟子皆不與焉其全書所載皆其門人旁觀贊服之筆則可知其非素以是立學教也是以感孫徵君知統錄說有陸王效評論於紫陽之語而敢出狂愚少抑後二千年周程朱陸薛王諸先生之學而伸前二千年堯舜禹湯文武周孔孟諸先聖之道亦竊附效評論之義而願持道統者其深思熟計而決復孔孟以前之成法勿執平生已成之見

解而不肯含勿拘不日已高之門面而不肯降以誤天下後世可也

上徵君孫鍾元先生書

某髮未燥已聞容城孫先生名然第知淸節耳弱冠前爲俗學枉度歲月懵懵不知道爲何物自順治乙未頗厭八股習稍閱通鑑性理諸儒語錄乃知世間有理學一脉已亥在易水得交高弟五修乃又知先生不止以節著連年來與高弟介祺尤屬莫逆德篤旋容時已稟老親全王法乾裹裝出門將進叩老親復以澇後不諳路恐遭楊子之悲阻之踰年則聞復南矣恭祝綾詞蒙介翁不外玷賤名其末追讀先生歲寒居文集寄介翁札不知過聽何人之

言而儕之郡賢列見之不勝慚愧今在天地間已三十有六德不加修學不加進曾不得大君子一提指之爲一念及恨不身飛其城旁兹先大母去世服闋矣幸大父猶康健欲曲求命允今歲中一叙道範未審得遂否也敝庠耿師東郡人也以告休南歸去先生七十里耽以便略吐愚衷於門下某謂中猛思宋儒發明氣質之性似不及孟子之言性善最真變化氣質之惡三代聖人全未道及將天生一副作聖全體參雜以習染謂之有惡未免不使人去其本無而使人憎其本有蒙晦先聖盡性之旨而授世間無志人以口柄又思周公孔子教人以禮樂射御書數故曰以三物教萬民而賓興之故曰身通六藝者七十二人

故性道不可聞而某長治賦某長禮樂某長足民一如唐虞之廷某農某刑某禮某樂之舊未之有爽也近世言學者心性之外無餘理靜敬之外無餘功細考其氣象疑與孔門若不相似然即有談經濟者亦不過說場話著種書而已某不自揣撰有存性存學二編欲得先生一是之以挽天下之士習而復孔門之舊以先生之德望卜之當易如反掌則孟子不得專美於前矣論今天下朱陸兩派互相爭辯先生高見平和勸解之不暇豈可又增一爭端也但某殊切杞人之憂以爲雖使朱學勝陸而獨行於天下或陸學勝朱而獨行於天下或和解成功朱陸合一同行於天下則終此乾坤亦只爲當時兩宋之世終此儒運亦

只如說話著書之道學而已豈不堪爲聖道生民長歎息乎粗陳一二望先生靜眼一辨及時發明前三千年之故道以易後二千年之新轍則斯道幸甚斯民幸甚臨楮南望不勝想慕戰懼交集之至某再拜言

## 上太倉陸桴亭先生書

某聞氣機消長否泰天地有不能自主理數使然也方其消極而長否極而泰天地必生一人以主之亦理數使然也然學稽孔孟以前天地所生以主此氣機者率皆實文實行實體實用卒爲天地造實績而民以安物以阜雖不幸而君相之人竟爲布衣亦必終身盡力於文行體用之實斷不敢以不堯舜不禹皋者而且於一時虛浮之局高

然袖手而委此氣數置此民物聽此天地於不可知也亦必終身窮究於文行體用之實斷不敢以惑異端背先哲若肆口而談百家爭鳴之日著書立說而誤此氣數壞此民物負此天地於不可爲也自漢晉泛濫於章句不知章句所以傳聖賢之道而非聖賢之道也競尚乎清談不知清談所以闡聖賢之學而非聖賢之學也因之虛浮日盛而堯舜三事六府之道周公孔子六德六行六藝之學所以實位天地實育萬物者幾不見於乾坤中矣迨於佛老昌熾或取天地萬物而盡空之一歸於寂滅或取天地萬物而盡無之一歸於陞朧莫謂日月星辰山川草木鳥獸蟲魚人倫世故舉爲道外並己身之耳目口鼻四肢皆視爲

累礙贅餘矣哀哉倘於此有堯舜周孔固必回道爲長轉否爲泰矣即不然或如端言卜仲二冉之流亦庶幾衍道脈於不墜續眞宗於不差而長泰終有日也奈何趙氏運中紛紛躋孔子廟庭者皆修輯註解之士猶然章句也皆高坐講論之人猶然淸談也甚至言孝弟忠信如何敎氣稟本有惡其與老氏以禮義爲忠信之薄佛氏以耳目口鼻爲六賊者相去幾何也故僕妄論宋儒謂是集漢晉釋老之大成者則可謂是堯舜周孔之正派則不可然宋儒今之堯舜周孔也韓愈闢佛幾至殺身況敢議今世之堯舜周孔者乎李友著書駁程朱之說發州決杖況敢議及宋儒之學術品詣者乎此言一出身命之虞所必至也然

懼一身之禍而不言委氣數於終誤置民物於終壞聽天地於終貿恐結舌安坐不援溝瀆與强暴横逆內人於溝瀆者其忍心害理不甚相遠也某爲此懼著存學一編申明堯舜周孔三事六府六德六行六藝之道大旨明道不在詩書章句學不在穎悟誦讀而期如孔門博文約禮身實學之身實習之終身不懈者著存性一編大旨明理氣俱是天道性形俱是天命人之性命氣質雖各有差等而俱是此善氣質正性命之作用而不可謂有惡其所謂惡者乃由引蔽習染四字爲之祟也期使人知爲絲毫之惡皆自玷其光瑩之本體極神聖之善始自充其固有之形骸但孔孟沒後二千年無人道此理而某獨異又惝惝焉

恐涉偏私自是誹謗先儒將舍所見以苟就近世之學而例觀三代聖賢又不如此二念交鬱罔所取正一日遊祁在故友刁文孝座間先生有佳錄復明孔子六藝之學門人姜姓在州守蘇寶箭之帷然如久旱之聞雷甚渴之聞溪根不即沐甘霖而飲甘泉也繇致三四晉不得出然亦幸三十里外有主張此學者矣猶未知論性之相同也既而刁翁出南方諸儒手書有云此間有桴亭者才爲有用之才學爲有用之學但把氣質許多駁惡雜入天命說一般是善其性善圖說中有人之性善正在氣質氣質之外無性等語殊新奇駭人乃知先生不惟得孔孟學宗兼悟孔孟性旨已先得我心矣當今之時承儒道滴泒者非先

生其誰乎所恨家貧親老不得操杖親炙進身門下之末兹乘彭使之便奉尺楮請敎祈以所著並高弟孰長禮樂孰長射書孰爲體用兼優不惜示下使聾瞽之子得有所景仰尊奉倘有寸進直一時千載也山河隔越不能多寄僅以性學編各一紙日記第十卷中摘一頁呈正不勝南望僅切想慕之至

## 學辯

性亦須有辯因吾友法乾王子一言徹底無纖毫齟齬莫有能發吾意者遂有待今存學之說將偕吾黨身習而實踐之易靜坐用口耳之習爲手足頻拮据之業非存性空談之比雖賢者不能無顧

惜啟竄憚於變革之意幸相與辯難不厭反復予
撮其大略如左病中亦多遺脫不能盡述也
己酉十一月二十六日予抱病復患足瘡不能赴學惟坐
卧榻將存學稿閱王子來會乃強步至齋出所將以質王
子甫閱一葉遽置之几盛爲多讀書之辯予曰人之精神
無多恐誦讀消耗無歲月作實功也倘禮樂嫻習但略閱
經書數本亦自足否王子曰誦讀不多出門不能引經據
傳何以服人予曰堯舜諸聖人所據何書且經傳施行之
證佐全不施行雖證佐紛紛亦奚以爲今存學之意若行
無論朝廷宗廟即明倫堂上亦將問孰嫻周旋孰諳絲竹
孰射賢孰算勝非猶是稱章比句之乾坤矣且吾儕自視

雖陋倘置身朝堂但憂無措置耳引經據傳非所憂也王子曰射御之類有司事不足學須當如三公坐論予曰人皆三公孰爲有司學正是學作有司耳譬之於醫黃帝素問金匱玉函所以明醫理也而療疾救世則必診脈製藥針灸摩砭爲之力也今有妄人者止務覽醫書千百卷熟讀詳說以爲予國手矣視診脈製藥針灸摩砭以爲術家之粗不足學也書日博識日精一人倡之舉世效之岐黃盈天下而天下之人病相枕死相接也可謂明醫乎愚以爲從事方脈藥餌針灸摩砭療疾救世者所以爲醫也讀書取以明此也若讀盡醫書而鄙視方脈藥餌針灸摩砭妄人也不惟非岐黃並非醫也尚不如習一科驗一方者

之爲醫也讀盡天下書而不習行六府六藝文人也非儒也倘不如行一節精一藝者之爲儒也王子曰棟梁材自別豈必爲樸樕哉予曰棟梁亦自拱把尺寸長成成時亦有皮幹枝葉豈有渾成棟梁哉王子曰藝學到精熟後自見上面幼學豈能有所見余曰幼學但使習之耳必欲渠見何爲哉王子曰不見上面何與心性余曰不然即如夫子使闕黨童子將命使之觀賓主接見之禮有下於夫子客至則見客求教尊長悚敬氣象有班於夫子或尊於夫子客至則見夫子溫良恭儉讓侃侃誾誾氣象此是治童子耳目乎治童子心性乎故六藝之學不待後日融會一片乃自童齡即身心道藝一致加功也且既令渠習見

無限和敬詳略之理豈得謂無所見但隨所至爲淺深耳講家解一貫章有謂曾子平日用功皆是貫中之一今日夫子教以從一而貫夫用功於貫中之一是夫子所以教三千人者也豈得曰六藝非心性也王子曰禮樂自宜學射御粗下人事余曰賢者但羨禮樂名目遂謂宜學亦未必見到宜學處也若見到自不分精粗喜精惡粗是後世所以誤蒼生也王子曰弟見不足爲若爲自是易事余曰此正夫子所謂智者過之且昔朱子謂要補塡實是難今賢弟又謂是易要之非主難亦非主易總是要斷送實學不去爲耳王子大笑予曰李晦翁年逾五旬勤力下學自與弟子拈矢彎弓甚可欽也王子曰晦夫叔嘗言射爲男

子事何可不習余曰宋元來儒者却習成婦女態甚可羞
無事袖手談心性臨危一死報君王即爲上品矣豈若眞
學一復戶有經濟使乾坤中永享治安之澤乎王子曰六
藝之學誠有功於乾坤予曰不但爾也子産云歷事久取
精多則魂魄強今於禮樂兵農無不嫻即終身莫之用而
沒以體用兼全之氣還於天地是謂盡人道而死故君子
曰終故曰學者學成其人而已非外求也王子又笑予曰
此學終無行日矣以賢弟之有志且深信予又入朱學未
深似無可戀惜而猶難挽回如此況彼已立崖岸者乎因
復取首數篇進曰幸終觀之王子閱畢喟然曰孔子是教
天下人爲臣爲子若都袖手高坐作君父天下事叫誰辦

哉撫卷歎息久之余曰某急就三存編以爲天生某使復明此學而已非身見之材也欲進之孫徵君借以回天下王子曰人自爲耳何必伊子曰天生材自別伊尹聖之任夏季之民如在水火何不出而延攬豪傑自爲舉天救民之舉必待成湯之三聘乎張良志復韓仇亦嘗聚衆百餘何不決於自爲而終屬沛公乎蓋天生王者其氣爲主持世統之氣乃足繫屬天下非其人不與也儒者教世何獨不然是其人也天下附之非其人也學即過人而師宗不立如龍所至則氣聚成雲否則不可強也況愚之庸陋不足數者乎自料只可作名教中一董三老耳王子辭行越十日予病瘵往會王子因論風言復閱十二月有諸王子

曰此間亦頗聞予曰噫豈非學術不明吾儒慣於空言無稽定國是者乎使吾黨習諳曆象何以狐疑如此因言帝堯命羲和敬以欽天授時及考驗推步之法堯益極精於曆因言帝王設官分職未有不授以成法者堯命司徒授以匡直勞來等法舜命士師授以五刑五服五流五宅等法命典樂授以直溫寬栗等理及依永和聲無相奪倫等法成王置農官授以錢鎛銍艾耕耨等法觀命官之典釐成之詩是君父亦未有不知六府六藝之學者則袖手高坐徒事誦讀固非所以爲臣子亦豈所以作君父哉

## 學辯二

又越句王子來會復曰周公制禮作樂且以文武之聖開

之成康之賢繼之太召君陳畢左右之亦不百年而穆王
亂迨東遷而周不可問矣漢唐宋明不拘古法亦定數百
年之天下何歉於三代哉予曰漢唐後之治道較之三代
葢星淵不可語也吾弟未之思耳吾弟但見穆平之衰而
未實按其列國情勢民風也吾茲不與賢弟論三代盛時
且以春秋之末其爲周七百年矣只義姑存魯展禽拒齊
二事風俗之美人材之盛魯固可尚也齊乃以婦人而旋
師聞先王命而罷戰由此以思當日風俗人心豈漢唐後
所可彷彿哉王子曰終見藝學粗疎何予曰此乃不知止
耳觀大學言明親即言止至善見道爲粗是不知至善之
止也故曰知止而後有定王子乃懽忻鼓舞曰牸子難一

設已深悚我心自今日當務精此學更無疑矣因述乃父命計田數不清子曰詐欺人以爲瑣事矣然父命而不清非不能爲子之一乎王子曰無大無小無不習熟固也弟昨所言棟梁材兒不以爲然恐天下自有可大不可小之材如龐士元非百里材曾子教孟敬子持大體非乎子曰孔子乘田委吏無不可爲若位不稱材便酣情廢事此自豪士之態非君子之常也孟敬子當時已與魯政乃好理瑣小故曾子教以所貴道三豈可以此言便謂籩豆之事不宜學乎况當時學術未失家臣庶士無不能理事者第憂世胄驕浮不能持大體耳能持大體凡事自可就也王子曰博學乃古人第一義易云多識前言往行以畜德子

路曰何必讀書然後爲學可見古人讀書誦讀亦何可全廢子曰周公之法春秋教以禮樂冬夏教以詩書豈可全不讀書但古人是讀之以爲學如讀琴譜以學琴讀禮經以學禮博學之是學六府六德六行六藝之事也只以多讀書爲博學是第一義已誤又何暇計問思辯行也王子行越一日子過其齋王子曰連日思樂能滌人渣滓只靜敬以求懲忿窒慾便覺忿慾全無不時却又發動不如心比聲律私欲自化也余曰意得之矣某謂心上思過口上講過書上見過都不得力臨事時依舊是所習者出正此意也夫禮樂君子所以交天地萬物者也位育著落端在於此古人制舞而民瘇消造琴而陰風至可深思也王子

又問道問學之功即六藝乎予曰然又問如何是尊德性予未答又問如何是中人以上可以語上也蓋因程朱好語上王子欲證語上之爲是也予曰離下無上明德親民尊德性道問學只是此事語上人皆上語下人皆下如洒掃應對下也若以語上人便見出微絃指徽律下也若以語上人便見出那某所童子將命一段正是道藝一致耳曰性情一滾做也王子憮然曰至言予曰此亦就賢弟之問爲言耳其實上有上下有下上下精粗皆盡力求全是謂聖學之極致矣不及此者寧爲一端一節之實無爲全體大用之虛如六藝不能兼終身止精一藝可也如一藝不能全數人共學一藝如習禮者某冠昏某喪祭某宗廟

某會同亦可也夫吾輩姿質未必是中人以上而從程朱
倒學先見上而必視下學爲粗不肯用力矣王子曰下學
而上達孔子定法烏容紊乎哉

存學編 卷二

博陵 顏元 著

性理評

程子曰邢明叔明辯有才氣其於世務練習蓋美才也晚溺於佛所謂日月至焉而已者豈不惜哉

朱子云程子死後其高弟皆流於禪豈知程子在時已如此乎蓋吾儒起手便與禪異者正在徹始徹終總是體用一致耳故童子便令學樂舞勺夫勺之義大矣豈童子所宜歌聖人若曰自灑掃應對以至參贊化育固無高奇理亦無卑瑣事故上智如顏貢自幼爲之不厭其淺而叛道粗疏如陳亢終身習之亦不至畏其難而

廢學今明叔才氣明辯練達世務誠爲美才但因程子不以六藝爲教初時既不能令明叔認取其練習世務莫非心性後又無由進於位育實具不見儒道結果回觀所長者不足戀前望所求者無所得便覺無意味無來由烏得不莫之禦而入於禪也猶吾所謂明帝之好佛非明帝之罪而李躬桓榮之罪也

夫日月至焉乃吾夫子論諸賢不能純仁分寸也當時曾子子貢之流俱在其中乃以比明叔之溺佛程子不亦易言乎

明道謂謝顯道曰爾輩在此相從只是學某言語故其學心與口不相應盍若行之請問焉曰且靜坐　伊川每見

人靜坐便歎其善學
因先生只說話故弟子只學說話心口且不相應況身
乎況家國天下乎措之事業其不相應者多矣吾嘗談
天道性命若無甚扞格一着手算九九數輒差王子講
冠禮若甚易一習初祝便差以此知心中醒口中說紙
上作不從身上習過皆無用也責及門不行彼既請問
正好發之習禮習樂却只云且靜坐二程亦復如是意
雖曰不禪吾不信也
武彝胡氏曰龜山天資夷曠濟以問學充養有道德器早
成積於中者純粹而宏深見於外者簡易而平淡閒居和
樂色笑可親臨事裁處不動聲色與之遊者雖羣居終日

嗒然不語飲人以和而鄙吝之態自不形也推本孟子性善之說發明中庸大學之道有欲知方者爲指其攸趨無所隱也當時公卿大夫之賢者莫不尊信之又曰先生造養深遠燭理甚明混迹同塵知之者鮮行年八十志氣未衰精力少年殆不能及朝廷方嚮意儒學日新聖德延禮此老置之經筵朝夕谘訪裨補必多至如裁決危疑經理世務若燭照數計而龜卜也

無論其他只稽於中者純粹而宏深一語非大賢以上能之乎其中之果純粹與否宏深與否非僕所知然朱子則已譏其入於禪矣禪則必不能純粹宏深純粹宏深則必不禪也至混迹同塵氣象五經論孟中未之見

非孟子所謂同流合汚者乎克此局以想彝曠簡易平淡和樂可親諸語恐或皆孟子所狀鄉原光景也

陳氏淵曰伊川自涪歸見學者凋落多從佛教獨龜山先生與謝丈不變因歎曰學者皆流於異端矣惟有楊謝二君長進

嘗觀孔子歿弟子如喪父母哀慟無以加矣又爲之備禮營葬送終無以加矣又皆廬其墓三年惓戀無以加矣餘情復見於同門友之不忍離相向而哭皆失聲其師弟情之篤而義之重蓋如此也迨後有宋程朱兩門以師弟著於乾坤不惟自任以爲眞繼孔子之統雖當時及門亦以爲今之孔子矣後世景仰亦謂庶幾孔門

師弟矣而其殁也不過一祭一贊他無聞焉僕存此疑於心久矣亦謂生榮死哀之狀必別有記載寡陋未之見耳殊不意伊川生時及門已如此其相負也涪之別也日月幾何而遽學者凋落相率而從於佛也又孰知所稱楊謝不變者下梢亦流於禪也然則眞承程子之統者誰也非因二程失古聖教人成法空言相結之不固不如實學之相交者深乎抑程門弟子之從佛或亦其師夙昔之爲教者去佛不遠也程子闢佛之言曰彌近理而大亂眞愚以爲非佛之近理乃程子之理近佛也試觀佛氏之教與吾儒之理遠若天淵判若黑白反若氷炭其不相望也如適燕適越之與其轍安在其踹

近理也孟子曰而人不治反其智伊川於此徒欺學者之流於異端而不知由已失孔子之教亦欠自反矣

問龜山晚年出是不可曉其召也以蔡京然在朝亦無大建白朱子曰以今觀之則可以追咎當時無大建白者自巳處之不知當時所當建白者何事或云不過擇將相爲急曰也是好說擇將相固是急然不知當時有甚人可做當時將只說种師道相只說李伯紀然固皆嘗用之矣又況自家言之彼亦未必見聽據當時事勢亦無可爲者不知有大聖賢之材何如耳

當時所稱大儒如龜山者既自無將相材又無所保舉異世後追論亦無可信之人不過种李二公而已然則

周程張邵棺木尚新其所成之人材皆安在誠世有但能談天說性講學著書而不可為將相之聖賢乎或言擇將相為急何不曰當時龜山便是好將相惜未信用乃但云也只好說擇將相甚身分亦有所不容誣也噫儒者不能將不能相只會擇將相將相皆令何人做乎末又云當時事勢亦無可為者不知有大聖賢之才何如耳是明將經濟時勢讓與聖賢做尚得謂之道學乎至於李公字行种公名呼此朱子重文輕武不自覺處其遺風至今日衣冠之士羞與武夫齒秀才挾弓矢出鄉人皆驚甚至子弟騎射武裝父兄便以不才目之長此不返四海潰弱何有已時乎獨不觀孔門無事

之時弓矢劍佩不去於身也武舞干戚不離於學也身爲司寇墮三都會夾谷無不尚武事也子路戰於衛冉樊戰於齊其餘諸賢氣象皆可想也學喪道晦至此甚矣孔門實學亦可以復矣

問龜山當時何意出來曰龜山做人也苟且是時未免祿仕故亂就之云云問或者疑龜山爲無補於世徒爾紛紛或以爲大賢出處不可以此議如何曰龜山此行固是有病但只後人又何曾夢到他地位在惟胡文定以柳下惠援而止之而止比之極好

余嘗謂宋儒是理學之時文也看朱子前面說龜山做人苟且未免祿仕故亂就之此三語抑楊氏於鄉黨自

好者以下矣後面或人說大賢出處不可議又引胡氏之言比之柳下惠且曰極好又何遽推之以聖人哉蓋講學先生只好說體面話非如三代聖賢一身之出處一言之抑揚皆有定見龜山之就召也正如燕雀處堂全不見汴京亡徽欽虜直待梁折棟焚而後知金人之入宋也朱子之論龜山正如戲局斷獄亦不管聖賢成法只是隨口臧否駁倒龜山以伸吾識可也救出龜山以全講學體面亦可也

上蔡爲人英果明決强力不倦克己復禮日有課程所著論語說及門人所記遺語行於世

要推尊上蔡便言其克己復禮日有課程後面要說程

門諸人見皆不親切之故又言是無頭無尾不曾盡心
毋乃自相矛盾乎此處殊令人疑

上蔡直指窮理居敬爲入德之門最得明道教人之綱領
朱子稱上蔡直指窮理居敬爲入德之門最得明道教
人綱領僕以爲此四字正諸先生所以自欺而自悞者
也何也窮理居敬四字以文觀之甚美以實考之則以
讀書爲窮理功力以恍惚道體爲窮理精妙以講解著
述爲窮理事業儼然靜坐爲居敬容貌主一無適爲居
敬工夫舒徐安重爲居敬作用觀世人之醉生夢死奔
忙放蕩者誠可謂大儒氣象矣但觀之孔門則以讀書
爲致知中之一事且書亦非徒佔畢讀之也曰爲周南

召南曰學詩學禮曰學易執禮是讀之而即行之也曰博學於文蓋詩書六藝以及兵農水火在天地間燦著者皆文也皆所當學之也曰約之以禮蓋冠婚喪祭宗廟會同以及升降周旋衣服飲食莫不有禮也莫非約我者也凡理必求精熟之至是謂窮理凡事必求謹慎之周是謂居敬上蔡雖賢恐其未得此綱領也不然豈有居敬窮理之人而流入於禪者哉

明道以上蔡誦讀多記爲玩物喪志蓋謂其意不是理會道理只是誇多鬬靡爲能若明道看史不差一字則意思自別此正爲己爲人之分

謝良佐記問甚博明道謂之曰賢却記得許多可謂玩

物喪志且佐其身汗面赤明道曰此便是惻隱之心可見大程學教猶不靠定書本僕擬閲至此悚然起敬以爲此正明道優於伊川紫陽處又未嘗不愛謝公之有志也但朱子讀此亦爲之汗身赤面則善矣乃曲爲之說謂渠是誇多鬬靡不是理會道理又引程子看史事證之總是不欲說壞記誦一道恐於已讀盡天下書之志有妨也不知道理不專在書本上理會貪記許多以求理會道理便會喪志不得以程子看史一字不差相混也

問上蔡說横渠以禮教人其門人下稍頭低只溺於刑名度數之間行得來因無所見處如何曰觀上蔡說得偏了

道都看不得禮之大體所以都易得偏如上蔡說橫渠之非以爲欲得正容謹節這是自好如何廢這箇得如專去理會刑名度數固不得又全廢了這箇也不得

宋儒周子外惟橫渠之志行井田教人以禮爲得孔孟正宗謝氏偏與說壞譏其門人下稍頭低溺於刑名度數以爲橫渠以禮教人之流弊然則教人不當以禮乎謝氏之入禪於此可見二程平昔之所以教楊謝諸公者於此可想矣玩行得來困無所見一語橫渠之教法眞可欽矣民可使由之不可使知之道之以德齊之以禮此聖賢百世不易之成法也雖周公孔子亦只能使人行不能使人有所見功候未到即強使有所見亦無

用也孟子曰行之而不著焉習矣而不察焉終身由之而不知道者衆也此固歎知道之少而吾正於此服周公孔子流澤之遠也布三重以教人使天下世世守之後世有賢如孟子者得由行習而著察即愚不肖者亦相與行習於吾道之中正中庸所謂行而世爲天下法歷八百年而猶在幾百餘年而未衰此周公孔子之下稍顯原知是其低也而其上稍頭亦未嘗高制禮作樂遵行遍天下而周公之心雖親賢之召公不盡知也博文約禮服習遍三千而一貫之秘雖聰穎之端木未之聞也相隨半生尙以多學而識認夫子然則未聞性道之前端木子與三千人不同以文禮爲道乎則橫渠之

門人即使皆認刑名度數為道何害也朱子既見謝氏之偏而知橫渠之是即宜考古稽今與門人講而習之使人按節文家行典禮乃其所也奈何盡力誦讀著述既延歲月迨老而好禮又只要著家禮一書屢易藁始成其後又多自嫌不妥未及改正而沒其門人楊氏固嘗代為致憾矣考其實及門諸公不知式型與否而朱子家祠喪禮已多行之未當失周公孔子之遺意者矣豈非言易而行難哉

伊彥明見伊川後半年方得大學西銘看此意思好也有病蓋且養他氣質淘潠去了那許多不好底意思如學記所謂未卜禘不視學遊其志也之意此意思固好然也有

皆蓋天下有多少書若半年間都不教他看一字幾時

看得天下許多書所以彥明終竟後來工夫少了

伊川雖失孔子學教成法猶知不可遽語人以高深猶

知不全靠書冊故遲半年方與門人大學西銘看至朱

子則必欲人讀天下許多書是將道全看在書上將學

全看在讀上其學教之法又不逮伊川矣吾謂大學可

即與看若西銘雖姿性聰敏者再遲數年與看未爲晚

也

和靖涪州被召祭伊川文云不背其師則有之有益於世

則未也因言學者只守得某言語已自不易少間又自轉

移了

吾讀甲申殉難錄至愧無半策匡時難惟餘一死報君恩未嘗不悽然泣下也至讀和靖祭伊川不背其師有之有益於世則末二語又不覺廢卷浩歎爲生民愴惶久之夫周孔以六藝教人載在經傳罕言仁命不語神性道不可得聞予欲無言博文約禮等語出之孔子之言及諸賢所記者昭然可考而宋儒若未之見也專肆力於講讀發明性命閑心靜敬著述書史伊川明見其及門皆入於禪而不悟和靖自覺其無益於世而不悟甚至求一守言語者亦不可得其弊不大可見哉至於朱子追述似有憾於和靖而亦不悟也然則吾道之不行豈非氣數使之乎

問伊川門人如此其衆後來更無一人見得親切或云游楊亦不久親炙曰也也是諸人無頭無尾不曾盡心在上面也各家去奔走仕宦所以不能理會得透如邵康節從頭到尾極終身之力而後得之雖其不能無偏然就他道道理所謂成而安矣如茂叔先生資稟便較高他也去仕宦只他道所學自是合下直到所以有成某看來這道理若不是拚生盡死去理會終不得解

伊川門人甚衆後更無一人見之親切非因伊川所敎諸人所學俱失孔子實學之故乎朱子乃云是諸人無頭無尾不曾盡心在上面試觀游楊謝尹諸公果是無頭無尾不曾盡心者乎又云各去奔走仕宦所以不能

理會透康節極終身之力而後有得茂叔亦去仕宦只他資稟高合下直到然則必欲人不仕宦不作事終身只在書室中方可得道乎

與叔文集煞有好處他文字極是實說得好處如千兵萬馬飽騰伉壯上蔡雖有過當處亦自是說得透龜山文字却怯弱似是合下會得易游楊謝諸公當時已與其師不相似却似別一家謝氏發明得較精彩然多不穩貼和靖語却實然意短不似謝氏發越龜山語錄與自作文不相似其文大段照管不到前面說如此後面又都反了緣他只依傍語句去皆不透龜山年高與叔年四十七他文字大綱立得脚來健多有處說得好又切若有壽必煞進游

宋大學無人傳無語錄

如何只論人文字言語長短語錄有無非失聖門學宗不實用功於明親故無實事可稱舉乎今有人議諸先生專在文字言語用功或云只在言語文字論人品必至羣相詳之曰彼大儒不止是也乃考其實則竟如此較歐蘇諸公但多講論性道之語內地靜敬之功耳試想三代前君臣獎贊師弟敘述或後人論斷前聖賢曾有此口吻比例否噫恐不啻氷玉之相懸也

解

上蔡之學初見其無礙甚喜之後細觀之終不離禪的見予於程朱陸王兩派學宗正如是

龜山未見伊川時先看莊列等文字後來雖見伊川然而此念熟了不覺時發出來游定夫尤甚羅仲素時復亦有此意

聖人教人六藝正使之習熟天理不然雖諄諄說與無限道理至吃緊處依舊發出習慣俗雜念頭

一日論伊川門人云多流入釋老陳文蔚曰只是游定夫如此恐龜山輩不如此曰只論語序便可見

朱子論游楊入釋老處不知何指但既廢堯舜周孔六府六藝之學則其所謂不入釋老者又果何指也僕嘗論漢人不識儒如萬石君家法真三代遺風不以儒目之則其所謂儒只是訓詁辭華之流耳今觀朱門師弟

一生肆力文字光景恐或不免為游楊所不屑也

看道理不可不仔細程門高弟如謝上蔡游定夫楊龜山輩下梢皆入禪學去必是程先生當初說得高了他們只瞧見上截少下面著實功夫故流弊至此（一口道破）

僕意朱子未覺程門教法之失既覺而復蹈之何也倘因此便返於實學豈非吾道之幸哉

下面著實功夫是何物乎將謂是靜敬乎程門諸子固已力行之矣將謂是禮樂射御書數之屬乎朱子已云補填難姑不為之矣將謂是庸德庸言乎恐禮樂射御書數所以盡子臣弟友之職者既不為又何者是其不敢不勉者乎考其與及門日征月邁者則惟訓解經傳

纂修書史死生以之或其所謂下面著實功夫者未必是孔子所云下學也

韓退之云孔子之道大而能博門弟子不能遍觀而盡識也故學焉而皆得其性之所近此說甚好看來資質定了其爲學也只就他資質所尚處添得些小好而已所以學者貴公聽並觀求一個是當處不貴徒執已自用今觀孔門諸子只除顏曾之外其他說話便皆有病

平日講學主變化氣質此處却云其爲學也只就資質所尚處添些小好而已蓋諸先生認氣質有惡不得不說變化此處要說諸賢各得其性之所近故又說氣質已定只添些小好且下云學貴公聽并觀求一個是當

如果有此妙法而諸賢徒執已見求之固可憾矣乃吾夫子亦不爲之一指點也何朱先生之大智而聖門師弟之太愚乎則朱子所見之道與所爲之學所行之教與聖門別是一家明矣至於求諸賢之短又何不著實體驗諸賢之造詣何如吾輩較之何如乃只論其說話有病無病乎僕謂不惟七十子之品詣非可輕議便是三千九百餘人既經聖人陶鎔亦不易言也自戰國橫議後重以秦人之焚坑漢儒之訓詁魏晉之清談歷代之佛老宋元之講讀而七十子之身分久不明於世矣吾嘗謂孔子如太陽當空不惟散宿衆星不顯其光即明月五星亦不出色若當下旬之夜一行星炯照四國

仰之如太陽然矣故孔子奠楹後羣推有子爲聖人西河又推卜子爲聖人當時七十子身通六藝日月至仁倘有一人出於後世皆足倡學一代使人望爲聖人非周程以下諸先生所可比也近法乾王子有言後儒稍有不純議廟典者動言黜退聖門如冉求之聚斂宰予之短喪何可從祀予曰賢弟未之思耳冉有固有虧欠處其學却實如此案即缺一角仍是有用之巨器豈可舍也故聖門一推政事之科一在言語之列不比後人虛言標榜書本上見完全也王子曰然

延平李氏曰羅先生性明而修行全而絜克之以廣大體之以仁恕精深微妙多極其至漢唐諸儒無近似者

又是一聖人宋固多聖人乎

陳氏協曰先生可謂有德有言之隱君子矣李公侗傳其學公殁之後既無子孫及其遺言不多見於世嘉定七年郡守劉允濟始加搜訪得公所著遵堯錄八卷進之於朝其書四萬言大要謂藝祖開基列聖繼統若舜禹遵堯而不變至元豐改制皆自王安石作俑創爲功利之圖浸致邊疆之侮是其畎畝不忘君之心豈若沮溺荷蓧隱行怪之比耶

元佑元豐之獄迄無公論旻之荆公之欲强宋本是而術未盡善苟安者競爲敵洪水罔績遂啓崇伯忿使即任濂洛羣擅恐亦如四嶽羣牧無如洪水何未是神禹

也

周氏坦曰觀先生在羅浮山靜坐三年所以窮天地萬物之理切實若此

原來是用此功豈不令孔子哀之乎但凡從靜坐讀書中討來識見議論便如望梅畫餅靠之饑食渴飲不得

朱子曰李延平先生屏居山里結茅水竹之間謝絕世故四十餘年簞瓢屢空怡然自得

試觀孔子前有謝絕世故之道學乎

先生從羅仲素學講誦之餘危坐終日以驗夫喜怒哀樂未發之前氣象爲何如而求所謂中者若是者蓋久之而知天下之大本眞有在乎是也

昔孔門固有講誦乃誦其所學講其所學如誦三代之禮講三代之禮以學禮誦樂章講樂器樂音樂理以學樂未有專以講誦爲學者至於危坐終日以驗未發氣象爲求中之功尤孔子以前千聖百王所未聞也今宋家諸先生講讀之餘繼以靜坐更無別功遂知天下之大本真在乎是噫果天下之大本耶果天下之理無不自是出耶何孔門師弟之多事耶

先生資稟勁特氣節豪邁而充養純粹無復圭角精純之氣達於面目色溫言厲神定氣和語默動靜端詳閑泰自然之中若有成法平居恂恂於事若無可否及其應酬事變斷以義理則有截然不可犯者

先生之道德純備學術通明求之當時殆絕倫比然不求知於世而亦未嘗輒以語人故上之人既莫之知而學者亦莫之識是以進不獲行於時退未及傳之於後而先生方且玩其所安樂者於畎畝之中悠然不知老之將至蓋所謂依乎中庸遯世不見知而不悔者先生庶幾焉

合二段觀之則延平先生眞一孔子矣夫聞惡而信聞善而疑者小人也僕即不肖何忍以小人自居乎但以唐虞三代之盛亦數百年而復出一大聖不過數人輒覺之若堯舜之得禹皐孔子之得顏曾直如彼其難而出必爲天地建平成之業處亦一年成聚二年成邑三年成都或身教三千以成天下之材斷無有聖人而空

生之者況秦漢後千餘年間氣數乖蕩求如仲弓子路之輩不可多得何獨以偏缺微弱見於契丹臣於金元之宋前之居汴也生三四堯孔六七禹顏後之南渡也又生三四堯孔六七禹顏而乃前有數聖賢上不見一扶危濟難之功下不見一可相可將之材兩手以二帝畀金以汴京與豫矣後有數十聖賢上不見一扶危濟難之功下不見一可相可將之材兩手以少帝付海以玉璽與元矣多聖多賢之世而乃如此乎噫

先生少年豪舉夜醉馳馬數里而歸後來養成徐緩雖行二三里路常委蛇緩步如從容室中也問先生如何養曰先生只是潛養思索他涵養得自是別須所爲不爲事物

所勝者

孔子但遇可慟可敬便勃然變色忽而久忽而遽似爲事物所勝乃是聖人釋氏父子兄弟亦不動心可謂不爲事物所勝却是異端

古人云終日無疾言遽色他眞個是如此尋常人叫一人一二聲不至則聲必厲先生叫之不至不加於前也尋當人去近處必徐行出遠處必行稍急先生出近處也如此出遠處亦只如此又如坐處壁間有字某家舊亦須起頭一看若先生則不然方其坐固不看也若是欲看則必起就壁下看之其不爲事物所勝大率如此

行遠不加急叫人不至聲不加大坐處有字必不坐看

天地間豈有此理乎莫謂可以速則速可以久則久之
孔子不如此雖伯夷柳下惠亦斷非如此氣象
先生居處有常不作費力事
只不作費力事五字不惟贊延平將有宋一代大儒皆
狀出矣子路問政子曰先之勞之天下事皆吾儒分內
事儒者不費力誰費力乎試觀吾夫子生知安行之聖
自兒童嬉戲時即習俎豆升降稍長即多能鄙事既成
師望與諸弟子揖讓進退鼓瑟習歌羽籥干戚弓矢會
計一切涵養心性經濟生民者蓋無所不爲也及其周
遊列國席不暇煖而輒遑其作費力事如此然布衣也
周公文王之子武王之弟成王之叔身爲上公者也而

亦多材多藝吐餔握髮以接士制禮作樂以教民其一生作費力事又如此此所以身當國鈞開八百之祚於宗周其人材至末流猶堪爲五霸之用雖爲布衣布散三千人於天下維二百年之國賴其士風之塌壞猶足供七雄之用故曰儒者天地之元氣以其在上在下皆能造就人材以輔世澤民參贊化育故也若夫講讀著述以明理靜坐主敬以養性不肯作一費力事雖曰口談仁義稱述孔孟其與釋老之相去也者幾何

此是眞學問可欽

先生廳屋書室整齊瀟灑安物皆有常處其制行不異於人亦嘗爲任希純教授延入學作職事居常無甚異同頹如也眞得龜山法門

當斯世而身任教授焉得無甚異同乎又焉得以頹然也爲德容乎其與龜山之混迹全塵一矣宜朱子稱爲眞得龜山法門也

問先生所作李先生行狀云終日危坐以驗夫喜怒哀樂之前氣象爲何如而求所謂中者與伊川之說若不相似曰這處是舊日下的語太重今以伊川之語格之則其下功夫處亦有些子偏只是被李先生靜得極了便自見得是有箇覺處不似别人今終日靜坐只是且收斂在此勝如奔馳若一向如此又似坐禪入定

看朱子前日所言纎毫未穩皆不難自駁倒若有人以不肖性辯及孔子教法進必豁然改悟恨吾生也晚不

獲及門矣

靜極生覺是釋氏所謂至精至玅者而其實洞照萬象處皆是鏡花水月只可虛中玩弄光景若以之照臨折截則不得也吾聞一管姓者與吾友汪魁楚之伯同學仙於泰山中止語三年汪之離家十七年其子往覓之管能預知以手書字曰汪師今日有子來既而果然未幾其兄呼還則與鄉人同也吾遊北京遇一僧敬軒不識字坐禪數月能作詩既而出關則仍一無知人也蓋鏡中花水中月去鏡水則花月無有也即使其靜功綿延一生不息其光景愈妙虛幻愈深正如人終日不離鏡水玩弄其花月一生徒自歎一生而已何與於吾性

廣大高明之體哉故子論明叢有云明而未親卽謂之明非大學之明也蓋無用之體不惟無真用並非真體也有宋諸先生吾固未敢量但以靜極有覺爲孔子學宗則斷不敢隨聲相和也

問延平先生何故驗於喜怒哀樂未發之前而求所謂中曰只是要見氣象陳後之曰持守良久亦可見未發氣象曰延平亦是此意又問此與楊氏於未發前體驗者異同何如曰這箇亦有些病那體驗字是有箇思量了便是已發若觀時恁著意看便是已發問此體驗是著意觀只恁平常否曰此亦是以不觀觀之

觀此及前節則宋儒之不爲禪者鮮矣而方且攻人曰

近有假佛老之似以亂孔孟之真者愚謂充此段之意乃是假佛老之真以亂孔孟之似耳

某舊見先生時說得無限道理也曾去學禪先生云汝恁地懸空理會得許多面前事却又理會不得道亦無奇妙只在日用間著實用工夫處理會便自見得後來方曉得他說故今日不至無理會耳

原來朱子亦曾學禪宜其濯洗不淨者自貽伊戚矣延平謂之曰汝懸空理會許多面前却理會不得理會面前者惟周公孔子之道朱子自言不至無理會以今觀之日用間還欠理會蓋二先生之所謂面前事較釋氏之懸空而言耳若二先生得周孔而見之其所以害之

者必仍如李先生之告朱先生也
猗歟先生果自得師身世兩忘惟道是資精義造約窮深
極微凍解氷釋發於天機乾端坤倪鬼秘神彰屢遷之變
日月之光爰曁山川草木昆蟲人倫之至王道之中一以
貫之其外無餘纎析毫差其分則殊體用渾全隱顯昭融
萬變並酬浮雲太空仁孝友弟灑落誠明清通和樂展也
大成婆娑丘林世莫我知優哉游哉卒歲以嬉
前賓稟勁特二段已極推崇此祭文中寫狀尤極酣濃
不遺餘力延平雖賢恐未能當之昔吾寄書於友人任
熙宇因其長刀筆事內有蕭曹之才兼慕孔孟之道二
語任答書云凡譽人失實即是自己離道僕之鶩下輕

誣以蕭曹門道兄須臾之離道乎當時讀至此悚然若魂飛驚愧無地自謂與任老相交得力於此書者不淺也朱子何其見游楊諸公之明而推其師之侈也抑篤服之切不覺其過情歟乃於靜坐之說亦明不以為然又可疑也

朱子曰胡文定曰豈有見理已明而不能處事者此語好見理已明而不能處事者多矣有宋諸先生便謂還是見理不明只教人明理孔子則只教人習事迨見理於事則已徹上徹下矣此孔子之學與程朱之學所由分也二論家語中明明記載豈可混哉

# 存學編卷三

博陵　顏元　著

## 性理評

延平謂朱子曰渠所論難處皆是操戈入室須從源頭體認來所以好說話

從源頭體認宋儒之誤也故講說多而踐履少經濟事業則更少若宗孔子下學而上達則反是矣

渠初從謙開善處下功夫來故皆就裏面體認今既論難見儒者路脉極能指其差誤之處自見羅先生來未見有如此者

朱子雖逃禪歸儒惜當時指其差誤猶有未盡處只以

補填禮樂射御書數爲難謂待理會道理通透誠意正心後方理會此等便是差誤夫藝學古人自八歲後卽習行反以爲難道理通透誠意正心乃大學之絶功反以爲易而先之斯不亦顛倒矣乎況舍置道理之材具心意之作用斷無眞通透眞誠正之理卽使强以其鏡花水月者命之爲通透誠正其後亦必不能理會六藝蓋有三故焉一者游思高遠自以爲道明德立不屑作瑣繁事一者畧一講習卽謂已得未精而遽以爲精一者旣廢藝學則其理會道理誠意正心者必用靜坐讀書之功且非猝時所能奏效及其壯衰已養成嬌脆之體矣烏能勞筋骨費氣力作六藝事哉吾嘗目擊而身

昔之知其爲害之鉅也吾友張十卿博極羣書自謂秦漢以降二千年書史殆無遺覽爲諸少年發書義至力竭倦息床上喘息久之復起講力竭復假息可謂勞之甚矣不惟有傷於已卒未見成起一才此其時欲學六藝何以堪也祁陽刁蒙吉致力於靜坐讀書之學晝誦夜思著書百卷遺精痰嗽無虛日將卒之三月前已出言無聲元氏一士子勤讀喪明吾與法乾年二三十又無諸公之博洽亦病無虛日雖今頗知憤恨期易轍而崇實亦惴惴恐其終不能勝任也況今天下凡坐書齋人無一不脆弱爲武士農夫所笑者此豈男子態乎差毫釐而謬千里不知誰爲之祟也噫

勉齋黃氏曰先生年十四慨然有求道之志博求之經傳徧交當世有識之士雖釋老之學亦必究其歸趣

今世爲學須不見一奇異之書但讀孔門所有經傳即從之學其所學習其所習庶幾不遠於道雖程朱陸王諸先生語録亦不可輕看否則鮮不以流之濁而疑其源之清也朱子少時因誤用功於釋老遂沾其氣味而吾五百年有功於聖道之大儒不能滌此岐途之穢習非宋元來學者之不幸哉

余細玩朱子語録亦有恍悟性學本旨處但無如曾孟者從旁一指終不是判然出彼入此故糊糊塗塗又仍歸周程所說或曰悟學宗如是其難吾子天資猶夫人

也而謂獨明孔子學宗吾滋惑矣予曰蓋有由也吾自弱冠遭家難頗志於學兼讀朱陸兩派語錄後以心疾無所得而萎塌至甲辰年三十得交王子助予遂專程朱之學乙巳丙午稍有日進之勢丁未就辛里館日與童子輩講課時文學遂退至戊申遭先恩祖妣大故哀毀廬中廢業幾年忽知予不宜承重哀稍殺既不讀書又不接人坐臥地炕猛一冷眼覺程朱氣質之說大不及孟子性善之旨因徐按其學原非孔子之舊是以不避朱季友之罪而有存性存學之說爲後二千年先儒救參雜之小失爲前二千年聖賢揭晦沒之本源倘非丁未廢歇戊申遭喪將日征月邁望程朱而患其不及

又焉暇問其誤否哉

至若求道而過者病傳註誦習之煩以爲不立文字可以識心見性不假修爲可以造道入德守虛靈之識而昧天理之眞借儒者之言以文佛老之說學者利其簡便詆訾聖賢捐棄經典猖狂叫呶側僻固陋自以爲悟

此朱子極詆陸門之失處然由孔門觀之則除捐棄經典猖狂叫呶外其他失處恐亦朱門所不能盡免也

其於讀書也必使之辯其音釋正其章句玩其辭求其意研精覃思以究其所難平心易氣以聽其所自得然爲己務實辨別義利毋自欺謹其獨之戒未嘗不三致意焉蓋亦欲學者窮理反身而持之以敬也從遊之士迭誦所習

以質其疑意有未喻則委曲告之而未嘗倦問有未切則反覆誠之而未嘗隱務學篤則喜見於言進道難則憂形於色講論經典商略古今率至夜半雖疾病支離諸生問辯則脫然沉疴之去體一日不講學則惕然常以爲憂摳衣而來遠自川蜀文辭之傳流及海外

可惜先生苦心苦功此十幅述之悉矣試問如孔門七十子者成就幾人天下被治平者幾世明行吾道而異端頓熄者幾分我夫子承周末文勝之際洞見道之不興不在文之不詳而在實之不修奮筆刪定繁文存今所有經書取足以明道而學教專在六藝務期實用其與端木言卜諸子以下最少言語至於天道性命之言

尤少是以學者用功省而成就多五季之世武臣司政詩書高閣至宋而周程諸儒出擷精抉奥鼓動一時自謂快事惟安定胡先生獨知救弊之道在實學不在空言其主教太學也立經義治事齋可謂深契孔子之心矣晦菴先生所宜救正程門末流之失而獨宗孔子之經典以六藝及兵農水火錢穀工虞之類訓迪門人使通儒濟濟澤被蒼生佛老熄滅乃其能事也而區區章句如此謂之何哉

至若天文地志律曆兵機亦皆洞究淵微文詞字畫騷人才士疲精竭神皆病其難至先生未嘗用意而亦皆動中規繩可爲世法

天文地志律曆兵機數者若洞究淵微皆須日夜講習之力數年歷驗之功非凡理會文字可坐而獲也先生旣得其淵微奈何門人錄記言行之詳未見其爲如何用功也况語及國勢之不振感慨以至泣下亦悲憤之至矣則當時所急孰有過於兵機者乎正宜誘掖及門成就數士使得如子路冉有樊遲者相與共事則楚囚對泣之態可免矣乃其居恒傳心靜坐主敬之外無餘理日燭勤勞解書修史之外無餘功在朝莅政正心誠意之外無餘言以致乘肩輿而出輕浮之子遮路而進厭聞之論雖未當要路而歷仕四朝在外九考立朝四旬其所建白可槩見也莫謂孔孟之暫效魯滕可如子

游子賤子路之宰邑光景否故三代聖賢身行政績多實徵近今道學學問德行多虛語則所謂天文地志律曆兵機洞究淵微者恐亦是作文字理會而已先生出而自周以來聖賢相傳之道一旦豁然如大明中天昭晰呈露

楊子雲曰古者楊墨塞路孟子辭而闢之廓如也韓子駁之云夫楊墨行正道廢孟子雖聖賢不得位空言無施雖切何補然賴其言而今之學者尚知宗孔氏崇仁義貴王賤霸而已其大經大法皆亡滅壞爛所謂存什一於千百安在其能廓如也夫孟子闢楊墨而楊墨果熄尊孔氏而孔氏果尊崇仁義貴王賤霸而仁義果崇

王果貴霸果賤至大經大法如班爵班祿井田學校王道所必舉者明則明行則行非後世空言之比正子貢所稱賢者識其大者乎云賢之一語顧易文公議之今朱子出而氣質之性參雜於荀楊靜坐之學出入於佛老訓詁繁於西漢標榜盛於東京禮樂之不明自若也王道之不舉自若也人材之不興自若也佛道之日昌而日熾自若也實學不明言雖精書雖備於世何功於道何補然賴其講解朝廷猶以四書五經取士周孔之文不至盡沒有志於學者承襲其迹以主敬靜坐求道不至盡奉釋道名號與二家鼎峙而已若問自周以來聖賢相傳之道則絕傳久矣黄氏遽謂一旦豁然如大

明中天豈惟不足俟聖人於百世恐後世有文人之雄如韓子者亦不免其譏也

果齋李氏曰先生之道之至原其所以臻斯域者無他焉亦曰主敬以立其本窮理以致其知反躬以踐其實而敬者又貫通乎三者之間所以成始而成終也故其主敬也云云內則無二無適寂然不動外則儼然肅然若對神明云云其窮理也云云字求其訓句索其旨云云始以熟讀使其言皆若出於吾之口繼以精思使其意皆若出於吾之心自表而達裏自流而遡源索其精微若別黑白辨其節目若數一二云云而後爲有得焉若乃立論以驅率聖言鑿說以妄求新意或援引以相糾紛或假借以相混惑

云云以爲學者之大病不痛絕乎此則終無入德之期蓋自孔孟以降千五百年之間讀書者衆矣未有窮理若此其精者也云云及其理明義精養深積盛充而爲德行發而爲事業云云入而事君則必思堯舜其君出以治民則必以堯舜其民

李氏此贊體用兼該矣僕不必詳辯但願學者取朱子之主敬窮理與孔門一貫對取朱子之事業與堯舜一貫對則其學宗之稍異判然矣總之於有宋諸先生非敢苟求但以寧使天下無學不可有雜佛老章句之學寧使百世無聖不可有將就冒認標牓之聖庶幾學則眞學聖則眞聖云爾

言論風旨之所傳政教條令之所布皆可爲世法而其考諸先聖而不謬建諸天地而不悖百世以俟聖人而不惑者則以訂正羣書立爲準則使學者有所依據循守以入堯舜之道此其勳烈之尤彰明盛大者

考諸先聖而不謬等語何其大而乃歸之訂正羣書乎夫朱子所以盡力於此與當時後世所以篤服於此者皆以孔子删述故也不知孔子是學成內聖外王之德教成一班治世之材魯人不能用又不能薦之周天子乃出而周遊周遊是學教後不得已處及將老而道不行乃歸魯删述以傳世删述又周遊後不得已處戰國說客置學教而學周遊是不知孔子之周遊爲孔子之

不得已也宋儒又置學教及行道當時而自幼壯師學
删其教弟子亦不過是雖講究禮樂亦只欲著書垂世
不是欲於吾身親見之是又不知孔子之删述爲孔子
之尤不得已也况孔子之删述是删去繁亂而僅取足
以明道正恐後人馳逐虛繁失其實際也宋儒乃多爲
訓解遞相增益不幾決孔子之隄防而導氾濫之流乎
此書之所以益盛而道之所以益衰也
先生蒐輯先儒之說而斷以己意彙別區分文從字順妙
得聖人之本旨昭示斯道之標的又使學者先讀大學以
立其規模次及語孟以盡其蘊奧而後會其歸於中庸尺
度權衡之既定由是以窮諸經訂羣史以及百氏之書則

將無理之不可精無事之不可處矣
先生昭明書旨備勞心力然所明只是書旨未可謂得吾身之道也葢四書諸經羣史百氏之書所載者原是窮理之文處事之道然但以讀經史訂羣書爲窮理處事以求道之功則相隔千里以讀經史訂羣書爲即窮理處事曰道在是焉則相隔萬里矣玆李氏以先生解書得聖人之本旨遂謂示斯道之標的以先生使學者讀書有序遂謂將無理不可精無事不可處噫宋元來效先生之稟訓區分妙得聖人之本旨者不巳十餘人乎遵先生讀書之序先大學次語孟次中庸次窮諸經訂羣史以及百氏不巳家家吾伊戸戸講究乎而果無

理不可精無事不可處否也譬之學琴然詩書猶琴譜也爛熟琴譜講解分明可謂學琴乎故曰以講讀爲求道之功相隔千里也更有一妄人指琴譜曰是即琴也辯音律協聲韻理性情通神明此物此事也譜果琴乎故曰以書爲道相隔萬里也千里萬里何言之遠也亦譬之學琴然歌得其調撫嫻其指絃求中音徽求中節聲求協律是謂之學琴矣未爲習琴也手隨心音隨手清濁疾徐有常規鼓有常功奏有常樂是之謂習琴矣未爲能琴也絃器可手製也音律可耳審也詩歌惟其所欲也心與手忘手與絃忘私欲不作於心太和常在於室感應陰陽化物達天於是乎命之曰能琴今手不

彈心不會但以講讀琴譜爲學琴是渡河而望江也故曰千里也今日不觀耳不聞但以譜爲琴是指薊北而談雲南也故曰萬里也

洙泗以還博文約禮兩極其至者先生一人而已

博學於文約之以禮乃孔門祖述堯舜憲章文武之實功明德親民百世不易之成法也但孔門曰博文約禮程朱亦曰博文約禮此殊令人不敢辯然實有不待辯而判如者孔門之博學學禮學樂學射學御學書數以至易書莫不曰學也周南召南曰爲也言學言爲既非後世讀講所可混禮樂射御書數又非後世章句所可拒況於及門之所稱贊當時之所推服師弟之所商榷

若多學而識不試故藝博學而無所成名文武之道未墜於地文不在茲游於藝如冉知爾可使從政諸章皆可按也此孔門之文孔門之學也程朱之文程朱之博學則李氏已詳言之不必贅矣孔門之約禮大而冠婚喪祭宗廟會同小而飲食起居衣服男女聞老聃習大樹下公西子曲禮精熟夫子遂其能可謂禮聖言曾諸賢纖微必謹以此約身即以此約心由即以此約天下故曰齊之以禮此千聖禮道之作用百世入道之實功故中庸大聖人之道至於發育萬物峻極於天序君子之功備著尊德性道問學而其中直指曰禮儀三百威儀三千且曰苟不至德至道不凝顯是以三千三百爲

至道術外此此而別有率性別有篤恭子思亦得罪聖門矣此孔門之禮孔門之約也程朱之約禮則惟曰內而無二無適寂然不動外而儼然肅然若對神明而已其博約極至與否未敢易言顧學者先辨其文與禮焉可也

朱子言自周衰教失禮樂養德之具一切盡廢所以維持人心者惟有書則宜追求其一切養德之具而亟亟與同人講習之以經書爲佐証可也而乃惟孜孜攻苦於書其餘不甚重焉曰李氏亦知春秋時患在諸書煩亂而禮樂散亡孔子刪定爲萬世道德之宗乃朱子適丁文墨浩繁之時而不能刪削其煩亂反從而劄之增

之何也夫朱子之所欲學者孔子也而顧未得孔子之
心未盡合孔子學教之法吾爲五百年之士子惜其不
得爲曾孟爲五百年之世道惜其不得爲殷周爲五百
年之生民惜其不得蒙教養故深惜朱子之未得爲孔
子也

吳氏曰先生經史子集之餘雖記錄雜說舉輒成誦

經史子集已惜其過用精神況記錄雜說乎

北溪陳氏曰先生道巍而德尊義精而仁熟立言平正溫
潤清巧的實云云辭約而理盡旨明而味深而其心度澄
朗學無滲滓工夫縝密渾無隙漏尤可想見於辭氣間故
孔孟周程之道至先生而益明所謂主盟斯世獨先生一

人而已
試觀道巍德尊義精仁熟二語雖孔子不是過而下面實指處却只是立言之辭約理該旨明味深而已言其心處澄朗工夫縝密亦不外於辭氣想見之蓋朱子身分原是如此黄李吳陳諸公亦但能於虛字閒崇奬不能於實際上增潤及總贊主盟斯世一語尤是不覺道出本色蓋王者不作五霸迭興相繼主盟假仁義以明王章聖賢亦不得已而取之故孔子曰桓公九合諸侯一匡天下孟子曰今之諸侯五霸之罪人也秦漢而降聖人不生楊韓王周程朱陸薛王馮高諸子相繼叠興主盟儒壇闡詩書以明聖道天下靡然向風自好之士

多出其內故五霸者實德未修雖天下服之而不敢帝不敢王名之曰霸而已諸儒者實學未至雖天下宗之而不敢聖不敢賢渾之曰儒而已其身分正同迄今大儒相繼發聲於東南者猶皆稱主盟其取義確矣

鶴山魏氏曰國朝之盛大儒輩出聲應氣求若合符節曰極曰誠曰仁曰道曰忠曰恕曰性命曰氣質曰天理人欲曰陰陽鬼神若等此類凡皆聖門講學之樞要而千數百年習浮踵陋莫知其說者至是脫然若沉痾之間大寐之醒至於朱文公先生始以彊志博見凌高厲空自受學延平李先生遜然如將弗勝於是斂華就實反博歸約迨其蓄久而思渾資深而行熟則貫精粗合內外羣獻之精蘊

百家之異指毫分縷析如示諸掌張宣公呂成公同心協力以同先聖之道而僅及中身論述靡定惟先生巍然獨存中更學禁自信益篤著自易詩中庸大學論語孟子悉爲之推明演繹以至三禮孝經下逮屈韓之文周程張邵之書司馬氏之史先正之言行亦各爲之論著然後帝王經世之規聖賢新民之學燦然中興

天命陰陽鬼神等僕之愚未足與議但以大半屬聖人所罕言不語者而必毫分縷析如示諸掌何爲也哉至於推明古人之經書論著先正之前言往行此自吾儒學成後餘事學成矣則用於世以行之如不用於世亦可完吾性分以還天地不著述可也觀其時果有大理

未明大害未除不得已而有所著述以望後世之明之除之亦可也若文人之文書生之書解之論之則不必矣乃今以此等推演論著之既明遂爲帝王經世之規聖賢新民之學燦然中興不其誣歟無實功於道統既不免堯舜孔孟在天者之歎息又無實徵於身世豈能服當日之人心乎徒以空言相推駕一世之上而動擬帝王聖賢此僞學之名所從來也僕嘗妄議宋代諸先儒明末諸君子使生唐虞三代之世其學問氣節必更別若只如此恐亦不免僞學之禁門黨之誅也但宋明朝廷既無眞將相草野既無眞學術則正宜用稱說詩書標榜清流者撑持其衰運不宜誅之禁之以自速其

敗亡也要之似龍骨馬司國柄者不可廢崇儒重道之典而悲天憫人儒者宜存返已自罪之心故天下有弒君之臣殺父之子無與於孔子也而孔子懼天下有無父之墨無君之楊非孟子爲之也而孟子懼益儒者之憫天下而厚自責如此况眞失學宗以誤斯人則近代之禍吾儒焉得辭其責哉

朱子曰徹夫高明他將謂人都似他纔一說時便更不問人曉會與否且要說盡他箇故他門人敏底祇學得他說話若資質不逮依舊無著摸某則性鈍讀書極是辛苦故尋常與人言多不敢爲高遠之論蓋爲是身曾親經歷過故不敢以是責人耳學記曰進而不顧其安使人不由其

今叙者之病多是如此

朱子與南軒一派師友原只是說話讀書度日較王何清談頗用力於身心較韓歐文字猶規規於理性白蘇詩酒既不能做其矜持佛老空虛又全不及其讀講眞三代後近於儒之學磽薄氣運中不易得之豪傑也然而身分如此無能强增故推奬處或襯砌以聖賢道統躬行經濟之語至其比長競短敘實指事或推人或自見則皆在言詞讀作之中而無他也且其病南軒者恐亦朱子所以自狀但其爲失有淺深遂自以爲得中耳愚嘗上書刁文孝其答書亦不問人之疑與否只自已說盡想刁公亦非矜情自見蓋素日所學原是說話作

文更無他物與人耳況講讀之學教即循循有序亦與學記之言時孫者不全夫進而不顧其安使人不由其誠所謂不學操縵不能安絃不學博依不能安詩不學雜服不能安禮不興其藝不能樂學苟躐速引進而不顧其安是教人躐等而不誠也不時不孫也故法乾上會謂其子九數已熟甚悦予曰且勿令知有乘歸法使之小息得一受用方可再進正此意也學者觀孟子深造之以道教者必以規矩請章豈誦讀講說之學所可托哉

南軒伯恭之學皆踈略云云伯恭說道理與作爲自是兩件事如云仁義道德與度數刑名介然爲兩途不可相通

朱子說禮樂射御書數補塡難且理會道理詩書非是看道理詩書與禮樂射御書數介然爲兩途乎只是不肯說明耳古人云不知其人視其友觀此益信

東萊自不合做這大事記他那時自感疾了一日要做一年若不死自漢武至五季只千來年他三年自可了此文字人多云其解題煞有工夫其實他當初作題目却煞有工夫只一句要包括一段意解題只現成檢令諸生寫伯恭病後既免人事應接免出做官若不死大段做得文字可惜一派師友都是以作文字度日死生以之

朱子於南軒伯恭皆不諱其短交友之和而不同如此豈惡聞異己之言哉至今仕學皆先立黨此所以道愈

微世愈衰

問子靜不喜人論性曰怕只是自己理會不曾分曉怕人問難又長大了不肯與人商量故一截截斷然學而不論性不知所學何事

不喜人論性未爲不是但少下學耳朱子好論性又教人商量性謂即此是學則誤矣故陸子對語將毋不與說者中不取也不取朱子而不思我所見果是何以不能服此友也朱子此等貶斥尤不取陸子不取陸子而亦不思我所言果是何以不能服此友也予曰察言而觀色慮以下人兩先生豈未用此功歟

子靜之學看他千般萬般病只在不知有氣稟之雜

象子之學全不覺其病只由不知氣稟之善以爲學可不自六藝入且不知六藝即氣質之作用所以踐形而盡性者也

子靜說話常是兩頭明中間暗是如何曰是他那不說破處他所以不說破便是禪家所謂鴛鴦繡出從君看莫把金針度與人禪家自愛如此

禪家無鴛鴦也不繡鴛鴦焉得鴛鴦與人看

子靜說良知良能四端等處且成片段似經語不可謂不是但說人便能如此不假修爲存養此却不得譬如旅寓之人自家不能送他還鄉但與說云你自有田有屋大段快樂何不便回去那人既無資送如何便回去又如脾胃

受傷不能飲食之人却硬將飯將肉塞入他口不問他吃得吃不得若是一頓便理會的亦豈不好然非生知安行者豈有此理便是生知安行也須要學大抵子思說率性孟子說存心養性大段說破夫子更不曾說只說孝弟忠信篤敬蓋能如此則道理便在其中矣

陸子說良知良能人便能如此不假修爲存養非是言不用修爲存養乃認孟子先立乎其大者則其小者不能奪二句稍呆又不足朱子之誦讀訓詁故立言過激卒致朱子輕之蓋先立其大原是根本而維持壅培之無具大亦豈易言立也朱子旅寓人傷脾胃人二喻誠中陸子之病但又是手持路程本當資送口說健脾和

胃方當開胃進食卽是終年持說依然旅寓者不能回鄉傷脾胃者不能下咽也此所以亦爲陸子所笑而學宗遂不歸一矣豈若周公孔子三物之學眞旅寓者之備糧車馬傷脾胃者之參朮縮砂也故旣知夫子不說破前乃譏陸子不說破是禪家自愛何也

子靜之說無定大抵他只是要拘

細檢之講學先生多是拘只有多少耳吾儒之道有一定不易之理何用拘只因實學旣失二千年來只在口頭取勝紙上爭長此拘之所從來也

問象山道當下便是曰看聖賢教人曾有此等語無聖人

教人皆從平實地做去云云又平時告弟子也須道是學而時習行有餘力則以學文

聖賢教人原無象山當下便是等語試看聖賢可曾有先生之學否學而時習之行有餘力則以學文孔門是學靜坐訓解否

但有聖賢之言可以引路

有聖賢之言可以引路今乃不走路只教聖賢言便當走路每代引路之言增而愈多卒之蕩蕩周道上鮮見其人也詩云如匪行邁謀是用不得於道此之謂矣

因說子靜云這箇只爭些子才差了便如此他只是差過了更有一項却是不及若是過底拗轉來却好不及底遲

向上去便好只緣他纔高了便不肯下纔不及了便不肯向上過的便道只是就過裏面求箇中不及的也道只就不及裏面求箇中初間只差了些子所謂差之毫釐謬以千里又曰某看近日學問高者便說做天地之外去卑者便只管陷溺高者必入於佛老卑者必入於管商定是如此定是如此

看朱子歎息他人真是自以爲中居之不疑矣若以孔門相較朱子知行竟判爲兩途知似過行似不及其實行不及知亦不及又歎近日學者高入佛老卑入管商愚以爲當時設有真佛老必更歎朱子之講讀訓解爲耗神粗跡有真管商必更歎朱子之靜坐主敬爲寂守

無用恐不能出其上而令兩項人受弊也若吾夫子中庸之道舉其心性可以使釋道哭旨其作用可以使管商懾伏恭子而事遊其門見其天高地厚又豈敢遠自以爲是乎不得孔子而師顏曾而友此朱子之大不幸也

陸氏會說其精神亦亦能感發人一時被他聳動底亦便清自只是虛更無底簟思而不學則殆正爲無底簟便危殆也山上有木漸君子以居賢德善俗有階梯而進不患不到今其徒往往進時甚銳然其退亦速纔到退時便如墜千仞之淵

朱子指陸門流弊處亦所以自狀但朱子會說又加會

解會著是以發動愈多頗有底簟或問讀講書進雖是兼書本然畢竟經傳是把柄故頗有底簟否予曰亦是讀講經書身心有所依據不至縱放但亦耗費有用精神不如陸王精神不損臨事倘有用也吾所謂頗有底簟者蓋如講書此一節若全不依此書行不惟無以服人已心亦難以安故必略有所行此處稍有簟底只因原以講解為學而以行為襯貼於不免掛一漏 即所行者亦不純熟不如學而時習用全副精神身心道藝一齊加功進銳不得亦退速不得即此為學即此為行即此為教舉而措之即此為治與堯舜宗子文周功臣萬世聖賢之規矩也雖聰明如回賜焉得不歎循循善

誘欲罷不能也哉焉得不初疑爲多學而識後乃歎性天不可聞也哉雖退怯如冉求安得不悅之而終成其藝也哉倘入程朱之門七十子皆流於禪林二千九百人皆習爲訓詁矣嗚呼吾安得一聖門徒衆之末而師之也哉或問宋儒掛一漏二所行不熟何處見予曰如朱子著家禮一書家中亦行禮至斬衰墨衰出入則半禮半俗既廢正祭乃又於俗節墨衰行事此皆失周公本意至於婦人便不與著喪服杖經之制祭時婦人亦不辨祭殺至求一監視而亦若不得者此何說乎商人尚音周人尚臭皆窮究陰陽之秘祭祀之要典也諸儒語錄講薰蒿悽愴等語亦痛切似知鬼神情狀者至於

集禮乃將笙磬脂[illegible]等皆削去之如此類不可勝述不可見哉

鄒菴虞氏曰孟子沒千五百年而周子出河南兩程夫子云云程門學者篤信師說各有所奮力以張皇斯道奈何世運衰微民生寡佑而亂亡隨之矣悲夫許多聖賢張皇斯道下却繼之曰而亂亡隨之矣是何緣故何其言而不思如此

草廬吳先生繼許文正公爲祭酒六館諸生以次授業晝退堂後寓舍則執經者隨而問業先生懇懇循循其言明白痛切因其才質之高下聞見之淺深而開道誘掖之云云一時皆有所觀感而興起矣嘗與人曰天生豪傑之士

不數也夫所謂豪傑之士以其知之過人度越一世而超出等夷也戰國之時孔子之徒黨盡矣充塞仁義若楊墨之徒又滔滔也而孟子生乎其時云云眞豪傑之士哉至於周程張邵一時迭出非豪傑孰能與於斯又百年子朱子集諸子之大成則中興之豪傑也以紹朱子之統自任者果有其人乎

懇懇循循講論不倦每至夜半且寒暑不廢其功可謂勤且苦矣果有益於世乎果成起一班人材乎至其自負亦不過知之過人度越一世而已朱子曰此道不拚生盡死理會終不解是其立志成功已不過如此但朱子眼顧高不肯明以自任元儒識更下故直出口而不

覺不足異也所可異者所見既小而以爲孟子亦只如此則亦淺之乎言豪傑易言道統矣

本草綱目 卷二

存學編卷四

博陵 顏元 著

性理評

程子曰古人雖胎教與保傅之教猶勝今日庠序鄉黨之教古人自幼學耳目游處所見皆善至長而不見異物故易以成就今日自少所見皆不善纔能言便習穢惡日日鑠銷更有甚天理

既知少時缺習善之功長時又習於穢惡則爲學之要在變化其習染而乃云變化氣質何也

幼聞小兒無記性所歷事皆能不忘

所歷事皆不忘乃不教之歷事何也

如養犬者不欲其升堂則時其升堂而扑之若既扑其升
堂又復食之於堂則使孰從雖日撻而求其不升不可得
也養異類且然而況人乎故養正者聖人也
先生倡明道學病天下之空寂而尚浮文也乃廢周公
孔子六藝而貴靜坐讀書不幾扑其升堂又食於堂乎
雖日撻而求其不空寂浮文何可得也養正之功或不
若是
朱子曰古者初年入小學只是教之以事如禮樂射御書
數及孝弟忠信之事自十六七入大學然後教之以理如
致知格物及所以爲孝弟忠信者
既言此何不學古人而身見之要之孔門稱古昔稽先

兩門亦稱古昔其所以稱者則不同也孔門是身作古人故曰吾從周二先生是讓與古人故曰是難孔門講禮樂程朱兩門亦講禮樂其所以講者則不同也孔門是欲當前能此故曰禮樂君子不斯須去身二先生是僅欲人知有此故曰姑使知之

古人自入小學時已自知許多事了至入大學時只要做此功夫今人全未曾知古人只去心上理會至於治天下皆自心中流出今人只去事上理會

朱子數人全未曾知恐朱子亦未知之如渴飲饑食如所云古人入小學已知許多事入大學只做此功何其眞切也而下文古人心上理會今人事上理會之語又

與上文自相混亂矣

古人便都從小學中學了所以大來都不費力如禮樂射御書數大綱都學了及至長大也更不大段學便只理會致知窮理功夫而今自小失了要補塡實是難但須莊敬篤實立其基本逐事逐物理會道理待此通透意誠心正了就切身處理會旋旋去理會禮樂射御書數也是合當理會的皆是切用但不先就切身處理會道理便教考究得些禮文制度又干自家身己甚事

要補塡三字見之大快下却云難是朱子學教之訣其初只是畏難而苟安

古人小學教之以事便自養得心不知不覺自好了到得

漸長漸更歷通達事物將無所不能今人既無本領只去理會許多閒汨董方措置思索反以害心

旣如此此何故說上段話可怪可怪

古人自能食能言便已教了一歲有一歲工夫到二十時聖人資質已自有二三分

此周公以人治人使天下共盡其性之道所以聖賢接踵太和在成周宇宙間者也朱子知之而不學之豈不可惜然愚於此二段深幸存學之不獲罪於朱子矣

如今全失了小學工夫只得教人且把敬爲主收斂身心却方可下工夫或云敬當不得小學某看來小學却未嘗得敬

敬字字面好看却是隱壞於禪學處古人教灑掃即灑掃主敬教應對進退即應對進退主敬教禮樂射御書數即度數音律審固磬控點畫乘除莫不主敬故曰執事敬故曰敬其事故曰行篤敬皆身心一致加功無往非敬也若將古人成法皆舍置專向靜坐收攝徐行緩語處言主敬乃是以吾儒虛字面做釋氏實工夫去道遠矣或云敬當不得小學眞朱子益友惜其未能受善也

嘗訓其子曰起居坐立務要端莊不可傾倚恐至昏怠出入趨步務要凝重不可僄輕以害德性以謙遜自牧以和敬待人凡事切須謹飭無故不須出入少說閒話恐廢光

陰勿看雜書恐分精力早晚頻自檢點所習之業每旬休日將一旬內書溫習數過勿令心少有佚放則自然漸近道理講習易明矣

先生爲學得力處備見訓子一書故詳錄之克此氣象原有非俗儒文士所可及者然孔門學者果如斯而已乎是在有志實學者自辨之

問小學載樂一段不知今日能用得否曰姑使知之古人自小便以樂教之乃是人執手提攜到得大來涵養已就稍能自立便可今人既無此非志大有所立因何得成立

孟子曰我知言盖言者心聲也故一言而覘其終身不可掩也況朱子大儒亦不自掩固昭然可見者如人問

小學載樂不知今日能用之否何不答曰書上所有都是要用不用載之何爲而乃曰姑使知之然則平日講學亦不過使人知之而已亦不過使人謂我知之而已

因論小學曰古者教必以樂後世不復然問此是作樂使之聽或其自作曰自作若自理會不得人作何益古者國君備樂士無故不去琴瑟日用之物無時不備於前

言之親切如此只不肯自做主意作後世引路人不作前聖接迹人豈知歷代相接都作引路人哉此人人說引路之言而聖人之正路益荒也

前賢之言都是佩服躬行方始有功不可只如此說過不濟事

不知是自悔語是責人語但將傳學之改為博讀書博作文便不似聖門佩服躬行舊傳受

朱子數則知之眞矣而不行何哉

東萊呂氏曰教小兒先以恭謹不輕忽不躐等讀書乃餘事

佳

先生輩何為只作餘事

臨川吳氏曰古之教者子能食而教之食子能言而教之言欲其有別也而教之異處欲其有讓也而教之後長因其良知良能而導之而未及乎讀誦也教之數教之方教之日與夫學書計學幼儀則既辨名物矣而亦非事乎讀

謂也弟子之職曰孝曰弟曰謹曰信曰愛曰親行之有餘力而後學文今世童子甫能言不過教以讀誦而已其視古人之教何如也

草廬敘古教法兩言非事讀誦又曰今世童子不過教以讀誦而已其視古人之教何如也其言一若甚厭夫讀誦之習者五季之餘武臣司政民久不見儒生之治世久不聞詩書之聲積廢之極而氣數一返周程張朱適逢其會以誦讀詩書講解義理爲倡又拙文以道德之行真不啻周公孔子復出矣此所以一樹赤幟而四海望之一登高呼而數世應之嗚呼盛哉而流不可返壞不可救之禍實伏於此吳氏亦猶行宋儒之道者而

出言不覺至是益誦讀之焰已熾而舉世罔覺又不容不露其幾也而吾所甚懼正在此幾也文盛之極則必衰文衰之返則有二一是文衰而返於實則天下厭文之心必轉而爲喜實之心乾坤蒙其福矣遠而在上則爲三代即窮而在下如周末文衰孔子轉之以實雖救之未獲全勝猶稍延二百年吾儒之脈不然焚坑之禍豈待秦政之時哉一是文衰而返於野則天下厭文之心必激而爲滅文之念吾儒與斯民淪胥以亡矣如有宋程朱黨爲之禁天啓時東林之逮獄崇禎末獻忠之焚殺恐猶未已其禍也而今不知此幾之何向也易曰知幾其神乎余曰知幾其懼乎

程子曰解義理若一向靠書冊何由得居之安資之深不惟自誤兼亦誤人

眞語

古之學者優柔饜飫有先後次序今之學者却只做一場話說務高而已

却及此矣其教及門乃亦未見古人先後次序不又作話說一場而已哉

今之學者往往以游夏爲小不足學然游夏一言一事却總是實

程子雖失聖門成法而胸中所見猶實故其言如此朱子去此則又遠矣

問如何學可謂有得曰大凡學問聞之知之皆不爲得得
者須默識心通學者欲有所得須是誠意燭理
程朱言學至肯綮處若特避六藝六府之學者何也如
此段言聞之知之皆不爲得可謂透宗極矣下何不云
得者須履中蹈和躬習實踐深造以六藝之道乃自得
之也乃云須默識心通不仍是知之乎
進學莫大於致知養心莫大於理義古人所養處多若聲
音以養其耳舞蹈以養其血脈今人都無只有義理之養
人又不知求
學之患莫大於以理義讓古人做程朱動言古人如何
如何今人都無不思我行之即有矣雖古制不獲盡傳

只今日可得而知者盡習行之亦自足以養人況因偏求全即小推大古制亦無不可追者乎若只憑口中所談紙上所見心內所思之理義養人恐養之不深且固也

學貴乎成既成矣將以行之也學而不能成其業用而不能行其學則非學矣

程子論學頗實然未行其言也夫教者之身即所以教也其首傳所教者即教者之身也試觀程門學成其業乎用行其學乎孔子攝相而魯治冉樊爲將而齊北畏程在朝而宋不加治龜山就徵而金人入汴謂之學成用行吾不信也

今之學者有三弊溺於文辭牽於訓詁惑於異端苟無是三者則必求歸於聖人之道矣

可歎三弊誤此乾坤先生濯洗亦未甚淨故其流遠而益差也向嘗謂程朱與孔孟各是一家細勘之程與朱亦各是一家

張子曰在始學者得一義須固執從粗入精也又曰若始求甚深恐自茲愈遠又曰但掃拂去舊日所爲使動作皆合於禮

張子以禮爲重習而行之以爲教便加宋儒一等

既學而有先以功業爲意者於學便相害既有意便穿鑿創意作起事也德未成而先以功業爲事是代大匠斲希

不傷乎也

所學既失其宗又將古人成法說壞試觀大學之道纔言明德卽言親民焉得云無意於功業且入學卽是要作大匠烏得謂之代大匠斵僕教幼學道藝或阻之曰不可今世不如此予曰但抱書入學便是作轉世人不是作世轉人但不可有者躁進干祿非位謀政之心耳

上蔡謝氏曰學須是熟講學不講用盡工夫只是舊時人學之不講是吾憂也仁亦在夫熟而已

子云學之不講是博學矣又當審問愼思明辨以講之若非已學將執何者以講乎今徒講而不學謬矣

顏子工夫眞百世規範舍是更無入路無住宅

極是

龜山楊氏曰今之學者只爲不知爲學之方又不知學成要何用此事體大須是曾著力來方知不易夫學者學聖賢之所爲也云云若是只要博通古今爲文章作忠信愿愨不爲非義之士而已則古來如此等人不少然以爲聞道則不可且如東漢之衰處士逸人與名節之士有聞當世者多矣觀其作處責之以古聖賢之道則略無毫髮彷彿相似何也以彼於道初無所聞故也今時學者平居則曰吾當爲古人之所爲纔有一事到手便措置不得蓋其學以博通古今爲文章或志於忠信愿愨不爲非義而已不知須是聞道

諸先生自負聞道矣愚以爲責之以古聖賢之道亦未盡彷彿也即如先生當汴京垂亡之際輕身一出其所措置徒見削奪荆公配饗說道學話而已

驗之於心而不然施之於行事而不順則非所謂經義今之治經者爲無用之文徼倖科名而已果何益哉

僕謂爲學者與此較則陋矣何不與堯舜伊周孔孟較學而不求諸孔孟之言亦末矣易曰君子多識前言往行以畜其德孟子曰博學而詳說之將以反說約也

多識自不可廢博學乃只多讀書乎

顏淵請問其目學也請事斯語則習矣學而不習徒學也譬之學射而至於彀則知所學矣若夫承挺而目不瞬貫

焉而緜不絕由是而求盡其妙非習不能也
顏子請問亦仍是問未可謂之學請事斯語學也欲罷不能進而不止乃習矣龜山一字之誤未爲甚差但說學必宜習之理最透而未見其習者無他習其所習非孔門所謂習也
延平李氏曰學問之道不在多言但默坐澄心體認天理若真有所見雖一毫私欲之發亦退聽矣久久用力於此庶幾漸明講學始有力耳
試觀孔孟曾有靜坐澄心體認天理等語否然吾亦非謂全屏此功也若不失周孔六藝之學即用此功於無事時亦無妨但專用力於此以爲學問根本而又以講

說爲枝葉則全誤矣
孔門諸子群居終日交相礎切又得夫子爲之依歸日用之間觀感而化者多矣恐於融釋而脫落處非言說所及也不然子貢何以言夫子之言性與天道不可得而聞也耶
何不思孔門群居終日是作何事何不思性天不可聞是何主意乃動思過子貢以上耶以孔子之道律之恐有宋諸先生不免爲智者過之一流
朱子曰今之爲學甚難緣小學無人習得如今却是從頭起古人於小學小事中便皆存箇大學大事得道理在大學只是推將開濶去向來小時做得道理存其中正似一

簡抔素相似

余謂何難之有只不爲耳即將藝之小者令子弟之幼者習之藝之大者令子弟之長者習之此是整飭身體涵養性情實務正心誠意非精府修事和非粗乃諸先生只懸空說存養而不躬習其事却說難却說今日小學全失無人習如此而言格致誠正修齊治平皆虛而無據矣然則豈惟小學廢大學不亦亡乎而乃集小學也註大學也何爲也哉

讀書如煉丹初時烈火煅煞然後漸漸慢火養又如煮物初時烈火煮了却須慢火養讀書初勤斂著力子細窮究後來却須緩緩溫尋反復玩味道理自出又不得貪多欲

速直須要熟工夫自熟中出

朱子論學只是論讀書但他處多入理會道理窮理致知等字面不肯如此分明說試看此處直言之如此十分精彩十分有味蓋由其得力全在此也夫讀書乃學中之一事何爲全副精神用在簡策乎

學者只是不爲己故日間此心安頓在義理上時少安頓在閒事上時多於義理却生於閒事却熟

只因廢失六藝無以習熟義理不由人不習熟閒事也今若一復孔門之舊不惟好色好貨一切私欲無從參博奕詩酒等自不爲即誦讀訓詁著述文字等事亦自無暇蓋聖人知人不習義理便習閒事所以就義理作

用處制爲六藝使人日習熟之若只在書本上覓義理雖亦羈縻此心不思別事但放却書本即無理會若直靜坐勁使此心熟於義理又是甚難況亦依舊無用也

或問爲學如何做工夫曰不過是切已便的當此事自有大綱亦有節目云云然亦須各有倫序問如何是倫序曰不是安排此一件爲先此一件爲後此一件爲大此一件爲小隨人所爲先其易者闕其難者將來難者亦自可理會且如讀書三禮春秋有制度之難明本末之難見且放下未要理會亦得如詩書直是不可不先理會云云聖賢言語何曾誤天下後世人自學不至耳

或問爲學如何做工夫又問如何是倫序皆最切之問

朱子乃只左支右吾說皮面許大綱節目數語尚可敷衍至於不是安排此一件爲先此一件爲後此一件爲大此一件爲小便是糊混夫古人教法某年舞勺某年舞象某年習幼儀某年學禮何嘗不是安排一定孰先孰後孰大孰小哉知所先後大學又明言之矣糊混後何已又說歸讀書讀書又不教人理會制度等事姑教避難取易夫理會制度已畏其難矣況取其所謂制度者而身習之身精之乎此等語若出他人口朱子必怒見其弊而力非之師望既高信口說去不自覺如此抑說聖賢言語何會誤天下後世夫聖賢言語誰會道誤天下後世其誤天下後世者乃是不從聖賢言語耳矣

學而時習之是晉論第一言倘且不從況其餘乎嘗閱左傳至簡子鑄刑鼎孔子嘆曰晉其亡乎失其度矣以爲晉之亡在任刑威耳而下文乃曰民在鼎矣何以尊貴貴何業之守若其失不在刑書而在鑄刑書于鼎夫法度操于人則民知範吾功罪者吾上也司吾生死者吾上也時而出入輕重以爲平允者皆吾上也天下稟王一國稟君一獄稟吏士農工商罔敢愆于職中逸于職外者惟吾上是訓是嚴也而上下定矣貴賤辨矣賢德彰矣今鑄在鼎則國人必將以鼎爲依據而不知受法于天者王守法者君序守者卿大夫百執事是使之怨人而重鼎民不見所尊必將不遵其度不遵其度

必不守其業故曰何以尊貴何業之守也貴賤無序何以爲國嗟乎簡子但以刑書鑄于鼎而孔子知其亡況漢宋之儒全以道法摹于書至使天下不知尊人不尚德不貴才而曰宰相必用讀書人不幾以守鼎吏爲政乎其所亡又豈止一晉乎是以至此極也非孔子至聖孰能見鑄鼎之弊乎吾願天下急思孔子之言吾願上天急生孔子之人也

# 存治編序

唐虞三代復見於今日乎吾不得而知也唐虞三代不復見於今日乎吾不得而知也謂復見於今則漢唐宋明以來政術風俗奚爲而日降謂不復見於今彼古聖賢之所謂人定勝天挽回氣運者果何物哉宜吾習齋先生俯仰而三嘆也七制而後古法漸湮至于宋明徒文具耳一切教養之政不及古帝王而其最提撕者尤在於兵專而弱士腐而靡二者之弊不知其所底以天下之大士馬之衆有一強寇猝發輒魚爛瓦解不可收拾黃巢之起洗物淘城李自成張獻忠如霜風殺草無當其鋒者官軍西出賊巳東趨川陝楚豫至于數百里人烟斷絕三代田賦出

甲民皆習兵雖承平日久禍起倉卒亦斷不至如此其慘也士子平居誦詩書工揣摩閉戶假首如婦人女子一旦出仕兵刑錢穀渺不知爲何物曾俗吏之不如尙望其長民輔世耶三物賓興之世學即所用用即所學雖流弊不至于此又何怪乎先生之俯仰而三嘆也先生自幼而壯孤苦備嘗隻身幾無棲泊而心血屛營則無一刻不流注民物每酒闌燈炧抵掌天下事輒浩歌泣下一日與堪語胞與淋漓堪不覺亦墮淚先生躍起曰此仁心也吾道可傳矣是以比年從遊勤有啟示堪因得粗知其畧以爲賢君相用之自有潤澤而大綱所在足爲萬世開太平者則百慮不易也使先生蚤有爲于世唐虞三代于于然而來

也寧不快甚乃今雙鬢頒白尚託空言豈天未欲治平耶抑將用之于衰老時耶亦使先生開其端而更待夫後人耶吾復不能知之矣

康熙二十八年己巳孟夏吉旦蠡吾門人李塨頓首拜撰

# 存治編目

卷全

# 存治編

## 王道

思古人　著

昔張橫渠對神宗曰：為治不法三代，終苟道也。然欲法三代，宜何如哉？井田、封建、學校，皆斟酌復之，則無一民一物之不得其所，是之謂王道。不然者，不治。

## 井田

或問於思古人曰：井田之不宜于世也久矣，子之存治尚何執乎？曰：噫！此千餘載民之所以不被王澤也。夫言不宜者，類謂亟奪富民田，或謂人衆而地寡耳。豈不思天地間田，宜天地間人共享之。若順彼富民之心，即盡萬人之產而給一人所不厭也王道之順人情固如是乎況一人而數十百頃或數十百人而不一頃爲父母者使一子富而諸子貧可乎又或者謂畫田生亂無論至公服人情自輯也卽以勢論之　國朝之圈占幾半京輔誰與爲亂者且古之民四而農以一養其三今之民十而農以一養其九未聞墜粟於天食土於地而民亦不饑死豈盡人耕之而反不足乎雖使人餘於田卽減頃而十減十而畝吾知其工費倍精用自饒也況今荒廢至十之二三墾而井之移流離無告之民給牛種而耕焉田自更餘耳故吾毋取一縣約其田丁知相稱也嘗妄爲圖以明之所慮者溝洫之制經界之法不獲盡傳北地土散恒恐損溝意夏函盡力溝洫必有磚

疑明塗之法高低墳邑不便均畫然因時而措觸類而通在乎人耳溝無定而主乎水可溝則溝不可則否井無定而主乎地可井則井不可則均至阡陌廬舍古雖有之今但可植分草以代阡陌爲窩鋪以代廬舍橫各井一路以便田車中十井一房以待田畯可也有聖君者出推此意而行之搜先儒之格議盡當代之人謀加嚴乎經界之際吾意于釐成之時意斯日也孟子所謂百姓親睦咸於此徵焉遊頑有歸而士愛心藏不安本分者無之爲盜賊者無之爲乞丐者無之以富凌貧者無之學校未興已養而兼教矣休哉蕩蕩乎故吾謂教以濟養養以行教教者養也養者教也非是謂與

# 井田經

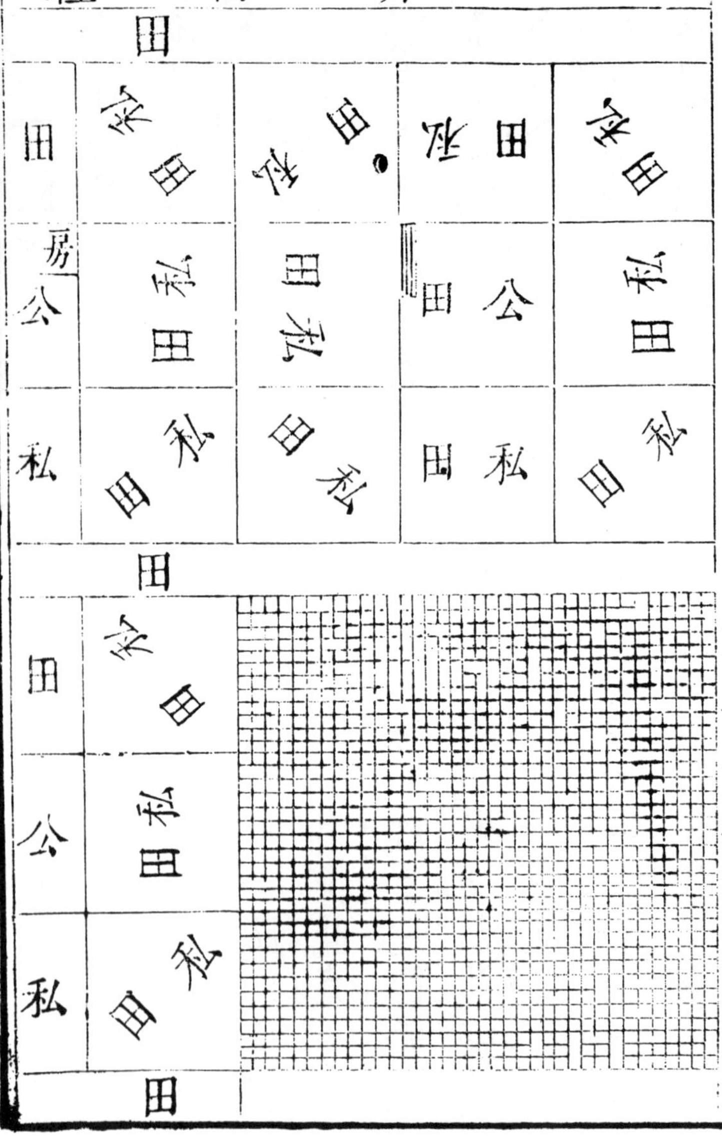


方一里畫四界一小區方十步每行長[illegible]十里共三百六十里該十二萬九千六百步合五百四十今畝

井田經界圖說

界之圖路

| 路 | | | | | |
|---|---|---|---|---|---|
| 田 | 田私 | 家田 | 田私 | 廬舍 | 田 |
| 田佐 | 田佐 | 公田 | 田佐 | 田私 | 田 |
| 田私 | 田私 | 私田 | 田私 | 田私 | 田 |
| 路 | | | | | |
| 田佐 | 田佐 | 田 | 家田 | 田佐 | 田佐 |
| 田私 | 田私 | 公田 | 田私 | 田私 | 田 |
| 田私 | 田私 | 私田 | 田私 | 田私 | 田 |
| | | | | | 路 |

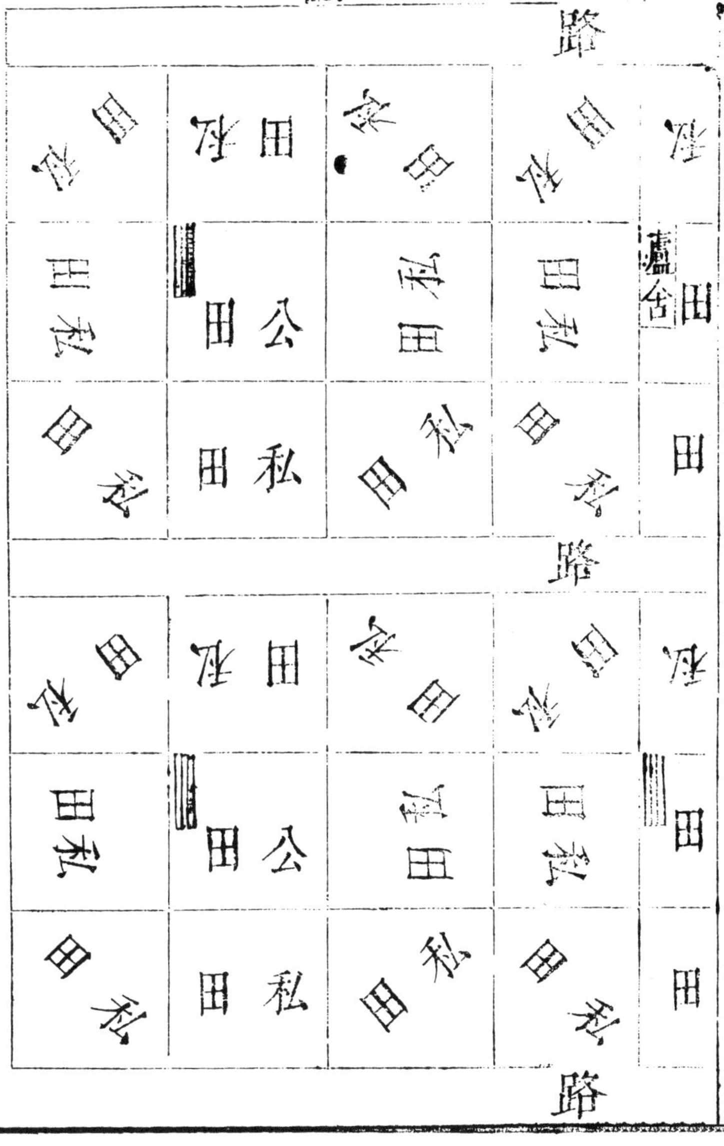

孟子云方里而井井九百畝吾所以明井制必明理制也周制三百步爲一里百步爲一畝六尺爲一步每步長今步一尺則三百步爲里者即今三百六十步之數也然考之文問之獻又多異說且謂周尺僅今七寸强要之不若即以今里今畝今步尺爲準爲甚明且亦夫子從周之義也以今里推之方里之地合該十二萬九千六百步周之九百畝當今五百四十畝今二百四十步爲畝每區六十畝內公外私若田磽處除公田內六畝給八家爲場圃廬舍田窄給三畝爲窩鋪其地亦可桑又通各井兩端爲田車之路宜縱者縱宜横者横隨邑人出入之便十里一房以處田畯不云廳堂者蓋田畯宜遊井以勸此直暫息不成其所也

方百里圖

方百里圖說

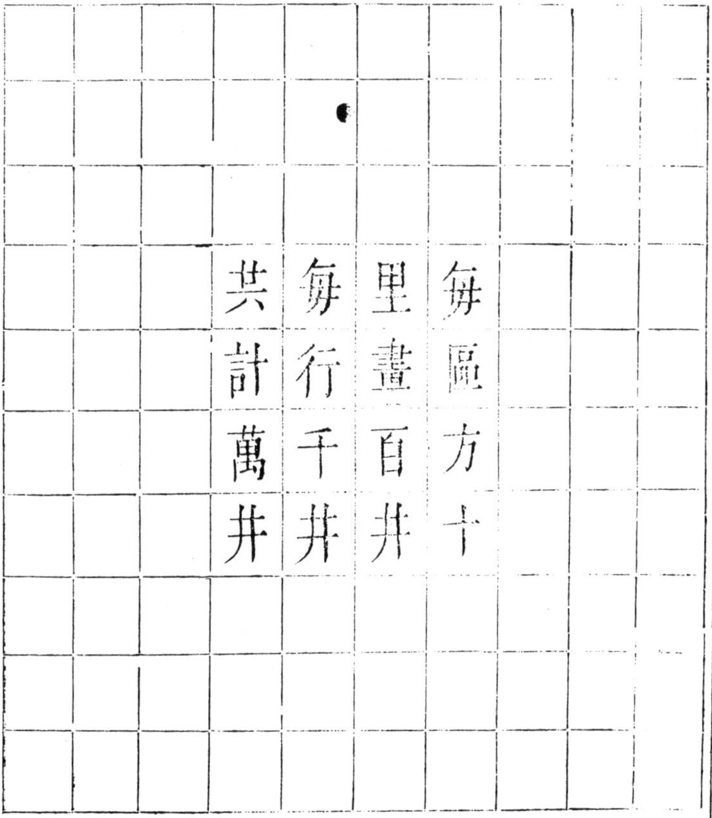


四面皆百
里伯國之
封地也

公侯皆方百里古也何必圖以古制久湮人輒謂田少故圖之以示田足也一區方十里當百井一行方十里者十當千井共該一萬井也即除墳邑山川林路約天下之大勢或有山川或無山川者增補言之各百里內亦不減八千井一井八家共該六萬四千家吾知百里內之人民去二十以下及六十以上者亦不過六七萬丁而已即或人浮于田一區二夫一夫受二十七畞亦足用也又就孟子註徐氏所識田祿推之大國之君取三百二十井卿取三十二井大夫八上士四中士二下士一共該三百九十井推之大國三卿五下大夫二十七上士他官府史悉計之交隣宗廟優賓禮賢撫幼養老柔旅勸工補春助秋等事

以
平庶人在官約不至八千井　而用足矣餘則
別貯名曰王倉諸侯不得擅開王巡則以補助慶功大凶
則侯請以賑三歲一散陳又十井一長百井一百長千井
一千長二千井一邑宰一佐士宰祿視大夫佐士視上士
千長視中士百長視下士十長無祿此方百里之大率也
天子之千里侯之五十里俱可推知第王臣之祿重耳

治賦

慨自兵農分而中國弱雖唐有府兵明有衛制固欲一之
迨於其衰頂名應雙皆乞丐滑棍或一人而買數糧支點
食銀人人皆兵臨陣遇敵萬人皆散嗚呼可謂無兵矣豈
止分之云乎即其盛時明君賢將理之有法亦用之一時

非久道也況兵將不相習威令所攝其為忠勇幾何哉間論王道見古聖人之精意良法萬善皆備一學校也教文即以教武一井田也治農即以治兵故井取乎八而陳亦取乎八考之他書類謂其法創自黃帝備於成周而以孔明之八陳實祖之但帝王之成法既不可見武侯之遺意又不得其傳後世亦焉得享其用哉竊不自揣覺于井田法畧有一得敢詳其治賦之要有九治賦之便有九一曰預養饑驥而責千里則懸上宜菲供膳薄稅歛汰冗費以足民食一曰預服嬰兒而役賁育則怒井之賢者為什什之賢者為長長之賢者為將以平民情一曰預教簡師儒申孝弟崇忠義以保民情一曰預練農隙之時聚之於塲

時宰士一較射藝月千長一較旬日百長一較同井習之

不時一日利兵甲胄弓刀精利者官賞其半直較藝賢者

慶以器一日養馬每井馬二八公養之倣北塞喂法操則習

射閒則便老行或十百長有役更之一日治衛每十長一

牌刀卒之於前九人翼之於後器戰之法具紀效新書一

日備羨八家之中四騎四步供役不過各二人餘則爲羨

卒以備病傷或居守一日體民心親老無兼不卒老弱不

卒出戍給耕不稅傷還給耕不稅死者官葬九者治賦之

要也一曰素練隴畝皆陳法民恒習之不待教而知矣一

日親卒同鄉之人童友日處聲氣相喻情義相結可共生

死一日忠上邑宰十百長無事則教農教禮教藝爲之父

毋有事則執旗執鼓執劍爲之將帥其執不親上死長一曰無兵耗有事則兵無事則民月糧不之費矣一曰應卒難突然有事隨地即兵無徵救求援之待一曰安業無逃亡反散之虞一曰齊勇無老弱頂替之弊一曰禁奸無招募異域無憑之疑一曰禦侮無專擁重兵要上之患九者治賦之便也其於陳法八千長率之於前四邑將督之於後左戰而右翼之則左正而右奇右戰而左翼之則右正而左奇前後之相應內外之相接無非前無非後無非左無非右無非正無非奇如循環如鬼神如天地分張之可闘敵之弱合衝之可破敵之堅敵攻之不可入入之不可出居則爲營戰則爲陳亦烏可測其端烏可窮其用也哉

八陣圖說圖失

古伯國三萬二千全軍之陣也綱目皆井形表圓象天裏方象地中軍象太極四角象四象八陣象八卦旗幟五色象五行南方火則旗紅左旗鑲青者以火之於木相從也青宜鑲黑而白之者取易辨之也黑宜白而紅之者別於青也凡千長所率二千卒每百長一小旗從其將旗中必異色書長姓姓同書字四邑將皆綉紙旗又各備一方綉旗一面當敵則二邑督四路之兵如四面當敵則佐士與邑將分督八路之兵一面當敵左右者應之餘則皆否如天鳥出戰雲虎即爲兩翼風龍地蛇各安其位是也戰者戰而守者守如八表皆戰而八裏不動是也下此而萬六

千或三千二百或一千六百神而明之在乎人耳

## 學校

或問於思古人曰自漢高致牢闕里歷代優意黌宫建教訓之官有臥碑之設何嘗不存心學校也似不待子計矣思古人曰嗟乎學校之廢久矣考夏學曰校教民之義也今猶有教民者乎商學曰序習射之義也今猶有習射者乎周學曰庠養老之義也今猶有養老者乎且學所以明倫耳故古之小學教以灑掃應對進退之節大學教以格致誠正之功修齊治平之務民舍是無以學師舍是無以教君相舍是無以治也迨於魏晉學政不修唐宋詩文是尚其弊流至今日國家之取士者文字而已賢宰師之勸

課者文字而已及兄之提示朋友之切偲亦文字而已不
則曰詩已爲餘事矣求天下之治文烏可得哉有國者誠
痛洗數代之陋用舊帝王之猷俾家有塾黨有庠州有序
國有學浮文是戒實行是崇使天下羣知所向則人材輩
出而大法行而天下平矣故人才王道爲相生倘仍舊習
將朴鈍者終歸無用精力困於紙筆聰明者逞其才華詩
書反資漁樵無惑乎家讀堯舜孔孟之書而風俗愈壞代
有崇儒重道之名而真才不出也可勝嘆哉
周禮大司徒以鄉三物教萬民而賓興之一曰六德知仁
聖義忠和二曰六行孝友睦婣任恤三曰六藝禮樂射御
書數

鄉大夫三年則大比攷其德行道藝而興賢者能者鄉老及鄉大夫帥其吏與其衆寡以禮禮賓之厥明鄉老及鄉大夫羣吏獻賢能之書於王王拜受之登於天府內史貳之書其副本

丘氏曰成周盛時用鄉舉里選之法以取士二十五家爲閭閭有胥閭胥則書其敬敏任恤者百家爲族族有師族師則書其孝弟睦婣有學者五百家爲黨黨有正黨正則書其德行道藝二千五百家爲州州有長州長則考其德行道藝而勸之萬二千五百家爲鄉鄉有大夫則三年大比攷其果有六德六行而爲賢通夫六藝之道而爲能則是能遵大司徒之敎而成材矣於是鄉

老及鄉大夫師胥師正長之屬合閭族州黨之人行鄉飲之禮用賓客之儀以興舉之書其氏名於簡冊之中獻其所書於天府之上天子拜而受之以賢才之生乃上天所遺以培植國家元氣者也

王制命鄉論秀士升之司徒曰選士司徒論選士之秀者而升之學曰俊士升於司徒者不征於鄉升於學者不征於司徒曰造士大樂正論造士之秀者以告於王而升諸司馬曰進士司馬辨論官材論進士之賢者以告於王而定其論論定然後官之任官然後爵之位定然後祿之

封建

或問於思古人曰世風遞下人心日澆以公治之而害伏

以誠御之而奸出是以漢之大封同姓亦成周伯叔諸姬之意而轉月已成反畔唐之優權藩鎮僅古人甥舅伯侯之似而李祚卽以敗亾故宋鼎既定盞酒以散勳臣明運方興亦世官而酬汗馬非故惜茅上也誠以小則不足藩維大則適養跋扈封建之難也子何道以處之可使得宜乎思古人曰善哉問此不可以空言論也先王遺典封建無單舉之理大經大法畢著咸張則禮樂敎化自能潛消反側綱紀名分皆可頓杜驕奢而又經理周密師古之意不必襲古之跡使十侯而一伯侯五十里一卿二大夫三士卿天子命之伯百里一卿三大夫六士卿與上大夫亦天子命之侯畜馬二十五甲士與稱伯畜馬五十甲士亦

稱有命乃起田卒焉邊侯伯士馬皆倍其畜有事乃起田卒焉侯度不世爵祿視其臣而以親爲差侯臣不世邑采取公田而以位計數伯師不私出列侯不私會如此者有事則一伯所掌二十萬之師足以藩維無事而所畜士馬不足俞犯封建亦何患之有況三代建侯之善必有博古君子能傳之者用時又必有達務王佐能因而潤澤者豈余之寡陋所能悉哉苐妄謂非封建不能盡天下人民之治盡天下人材之用爾

後世人臣不敢建言封建人主亦樂其自私天下也又幸郡縣易制也而甘於孤立使生民社稷交受其禍亂亡而不悔可謂愚矣如六國之勢識者嘗言韓魏趙爲燕齊楚

之籓蔽羸氏蠶食楚齊燕絕不之救是自壞其藩蔽也侯國且如此以天下共主可無藩蔽耶曆曆厚護寧不更甚耶板之詩云大邦維屏宗子維城無俾城壞無獨斯畏道盡建侯之利不建侯之害矣如農家度日其大鄉多鄰而我處其中之爲安乎抑吞鄰滅比而孤棲一壟之爲安乎況此乾坤乃自堯舜夏商周諸聖君聖相開物成務遞爲締造而成者也人主享有成業而顧使諸聖人子孫無尺寸之土竟靈無血食之嗣天道其能容耶身爲天子皆其歷世祖功宗德上邀天眷顧不能覃恩九族大封同姓而僅僅一支私其富貴宗廟其無怨恫耶創興之際攀龍附鳳或運帷幄或功汗馬主臣同憂勞共生死一旦大業既

戚不與之承天分地爲山河帶礪之盟勳舊其何勸邪尾諸大義皆不遑恤而君不王臣不贊絕蔑封建者不過見夏商之亡於諸侯與漢七國唐籓鎮之禍而忌言之耳殊不知三代以封建而亡正以封建而久漢唐受分封籓鎮之害亦獲分封籓鎮之利使非封建三代亦烏能享國至二千歲耶夏以有仍再造商有西伯率叛服殷周則桓文主盟尊王周召共和不亂四百也六百也八百也遞漸益長是皆服衛疊疊星環碁布隱攝海外之覬覦秘鎮朝闕之奸回有以輔引王家天祚也以覗後日之一敗塗地曆數日短者封建亦何負人國哉即以三代敗亡論受命者猶然我先王之股肱甥舅也列辟無恙三恪世修失天下

者仍以一國封之是五帝三王有數百年之天下而仍有千萬年不亾之國也使各修天子禮樂事則膰之喪則拜之容而不臣是五帝三王有千萬年不亾之國即有千萬年不降之帝王也猗歟休哉守此不替有天下者誰不胥受其福乎且君非桀紂誰敢犯天下共主來天下之兵耶侯非湯武誰能合千八百國而爲之王耶君非桀紂其亾難也侯非湯武王之難也故久而後失之也即君果桀紂而侯果湯武矣本國之積倉自足供輜重無俟掠人箱匱焚人梁棟也一心之虎賁從王之與國自足以奉天伐暴無俟挾虜丁壯因而淫擄婦女也南巢牧野一戰而天命有歸無俟於數年數十年之兵爭而處處戰場也耕者不

變而市者不止不至於行人斷絕而百里無烟火也王畿非草而天下猶有君不至於閉京城失守而舉世分崩干自成羣自相屠掠歷數年不能定也王者綏定萬邦而屢有豐年不至於耕種盡廢九有蕩然上干天和水旱相仍歷三二世不能復也蓋民生天地咸沐封建之澤無問興亡皆異於後世如此而秦人任智力以自雄收萬方以自私敢於變百聖之大法自速其年世以遺生民氣運世世無窮之大禍祖龍之罪上通於天矣文人如柳子厚者乃反爲公天下自秦始之論是又與於不仁之甚者也可勝嘆哉

宮刑

或有問於思古人曰昔漢除宮刑百世稱其仁子言王道亦既詳矣乃並微聞宮刑亦當復無以法不嚴則易犯故峻其法以仁斯民乎思古人曰否不然也夫謂法不嚴則易犯暴君酷吏假辭以飾其惡耳吾所謂復古刑者第以宮壺之不可無婦寺勢也即理也倘復封建則天下之君所需婦寺愈多而皆以無罪之人當之胡忍哉且漢之除宮刑仁而愚者也漢能除婦寺哉能除萬世之婦寺哉不能除婦寺而除宮刑是不忍宮有罪之人而忍宮無罪之人矣說者又謂剸童男女不於民間惟以官買則是任民之願嗟乎狃民甚矣小民何知惟知利耳以利誘民而宮之豈天為民立君之意哉今之貪利為盜者惡自民也上

且誅之若因民之貪誘而宮之惡自君矣可勝慨哉故封建必復宮刑不封建亦必復宮刑也惟願爲政者慎用之耳至肉刑之五墨辟今猶用之劓剕二刑不復可也

## 濟時

或曰若子之言非王政必不足治天下顧漢末非行王道時也孔明何以出唐虞無行王道事也鄭僑何以相是必有濟時之策矣況王政非十年經理十年聚養十年浹洽不能舉也倘遇明王賢相不忍斯民之水火欲急起拯之而人材未集時勢未可將舍此無道則所謂大用之而大效小用之而小效者又何說也思古人曰王道無小大用之者小大之耳爲今計莫要於九典五德矣除制藝重徵

舉均田畝重農事徵本色輕賦税時工役靜異端選師儒是謂九典也躬勤儉遠聲色禮相臣慎選司逐佞人是謂五德也爲之君者克五德之行爲九典之施庶亦駕文景而上之矣然不體聖學舉聖法究非所以致位育追唐虞也是在爲君者

重徵舉

嘗讀禮聘則爲妻奔則爲妾所以崇禮義養廉恥也故女無行媒不相知名士不爲臣不見成湯之於伊尹也三聘莘野文王之於呂尚也載旋渭濱下至衰世猶有光武就見之子陵昭烈屢顧之諸葛如四子者固有以自重抑其君知所以重之也近自唐宋試之以詩弄之以文上輒曰

選士曰較士曰恩額曰賜第士則曰赴考曰赴科曰赴選縣而府府而京學而鄉鄉而會其間問篭簝貌紮結登年巡視搜檢解衣跣足而名而應挫辱不可殫言嗚呼奴之耶盜之耶無論庸庸輩不足有為即有一二傑士迫於出仕氣喪八九矣宜道義自好者不屑就也而更異其以文取士也夫言自學問中來者尚謂有言不必有德況今之制藝遞相襲竊通不知梅囊便自言酸甜不特士以此欺人取士者亦以自欺彼此相皆從此孔穿過豈不見考試之喪氣浮文之無用乎顧甘以此誣天下也觀之宋明深可悲矣竊嘗謀所以代之莫若古鄉舉里選之法倣明舊制鄉置三老人勸農平事正風六年一舉縣方一人如東

則東方之三老視德可敦俗才堪涖政者公議舉之狀發某某深知其才德兼以事實之縣令即以幣車迎爲六事佐賓吏人僎用三載經縣令之親試百姓之實徵老人復躋堂言曰某誠賢則令薦之府呈簽某令深知其才德亦兼以事實之則守以禮徵至其有顯德懋功者即薦之公朝餘仍留爲佐賓三載經府守之親試州縣之實徵諸縣令集府言曰某誠賢則府守薦之朝廷呈簽某守深知其才德亦兼以事實之則命禮官弓旌車馬徵至京其有顯德懋功者即因才德受職不次餘仍留部辦事親試之三載凡經兩舉用不及者許自辭歸進學老人令守薦賢者受上賞薦奸者受上罰則公論所結私托不行矣九載所

驗賢否得真矣即有一二勉強爲善盜竊聲譽者焉能九載不變哉況九載之間必重自檢飭即品行未粹者亦養而可用矣爲政者復能久任考最于九載十二載或十七八載之後國家不獲真才天下不被實惠者未之有也

## 靖異端

古之善靖異端者莫如孟子古之善言靖異端者莫如韓子韓子之言曰人其人火其書明先王之道以教之善哉三言盡之矣愚嘗取而詳推之目前耕耘皆三代之赤子蒭自明帝作俑無恥之民從而效尤妄談禍福侈說仙神枝連蔓長焚香講道者遂紛紛其實猶然中國之民也一旦收爲左道之誅豈不哀哉考古謀今靖之者有九一曰

絕由四邊戒異邑人不許入中國二曰去依令天下毀妖像禁淫祠三曰安業令僧道尼姑以年相配不足者以妓繼之俱還族不能者各人地藉許鬻寺觀庵木以易宅舍給香火地或逃戶地使有恆產幼者還族老而無告者入養濟院夷人仍縱之去皆所謂人其人也四曰清蘖有為異言惑衆者誅五曰防後有窩佛老等經卷一卷者誅獻一卷者賞十兩訐窩者賞五十兩六曰杜源令頭儒多著闢異之書深明彼道之妄皆所謂火其書也七曰化尤取向之名僧長道令近正儒受教八曰易正人給四書曲禮少儀內則孝經等使朝夕誦讀九曰明法既反正之後察其孝行或廉義者旌表顯揚之察其愚頑不悟者責罰誅

勢之皆所謂明先王之道以教之也如此則羣黎不邪慝家戸有倫理男女無抑鬱之氣而天地以和兆姓無絶嗣之慘而生齒以廣徵休召祥蔑有極矣且儉土木之浪費杜淫亂之窩巢驅遊手之無恥絶張角等之根苗風淑俗美仁昌義明其益不可殫計有國者何憚而不靖異端哉若惑於禍福之說則前鑒固甚明也

書後

先生三存編存性存學皆悟聖學後著獨存治在前乃壯歲守宋儒學時所作也當是時仁心布護身任民物之重已如是其得聖道也蓋有由矣塨從遊後聞而悅之著瘳忠編以廣其條件張鵬舉文升著存治翼編聚晤考究歷

有年所及探出遊四方辨證益久謬謂鄉舉里選行之或亦因時酌畧而大體莫易井田則開創後土曠人稀之地招流區畫爲易而人安口繁各有定業時行之難意可井者井難則均田又難則限田與先生見亦頗不參差惟封建以爲不必復古因封建之舊而封建無變亂今因郡縣之舊而封建啟紛擾一三代德教已久胄子多賢尚曰世祿之家鮮克由禮況今時紈袴易驕易淫易殘忍而使世居民上民必殃二郡縣則漢唐小康之運非數百年不亂封建則以文武成康之聖賢治之一傳而昭王南巡遂已不返後諸侯漸次離析各自爲君六七百年周制所謂制地滅國皆付空言未聞彼時以不朝服誅何國也例於輓

近雖有良法豈能遠過武周三或謂明無封建故流寇肆毒遍地丘墟竊以爲宋明之失在郡縣權輕若久任而重其權亦可弭變且唐之藩鎮即諸侯也而黄巢儼然流寇矣豈關無封建耶因或又謂無封建則不能處處皆兵天下必弱竊謂民間出兵處處皆兵郡縣自可行不必封建始可行也五而封建之殘民則恐不下流寇不觀春秋乎列國君卿尙修禮樂講信睦然曰會盟朝遇紛然煩費外侵伐戰取一歲數見其不通會告曾者殆又倍蓰幸時近古多交緩而退若至今日殺人很藉盈野盈城豈減流寇然流寇以感而諸侯以遲則將爲數十年殺運數百年殺運而禍更烈矣唐之藩鎮爲五季金之河北九公日尋干

孚台論　七二

戈人烟斷絕可寒心也六天子世圻諸侯世同卿大夫獨非伯叔甥舅之裔耶亦世采自然之勢也即立法曰世祿不世官必不能久行周之列國皆世臣巨室可見矣夫使天下富貴數百年皆一姓及數功臣享之草澤賢士雖如孔孟無可誰何非立賢無方之道也不公孰甚欲治平何由七戊寅浙中得陸桴亭封建傳賢不傳子論益即郡縣久任也似有當質之先生先生曰可而非王道也商搉者數年於茲未及合一先生條已作古矣於戲此係位育萬物參贊天地之事非可求異亦非可強同也因書於後以待用者康熙乙酉二月蠡吾門人李塨書於鄽城寓署

喚迷途序

喚迷途博陵顏元所著以勸僧道歸人倫之書也既成而自序之曰昔者唐虞三代聖人疊興代天子民家給之宅人分之地生幼者有助鰥寡者有養殘疾無告者倍爲矜恤民生無不遂也設爲庠序學校國州黨閭莫不有學教以人倫父子有親君臣有義夫婦有別長幼有序朋友有信民性莫不各正也秦人作俑將聖人養民教民之具廢棄殆盡漢家七制之主雖曰英君其於先王之政曾不能復十一於千百民無恒產失其養者多矣無恒產因無恒心喪其性者多矣即使外國之妖邪不入天朝之化凌俗壞亦不知何底也迨東漢明帝信傳流之詭說迎妖魔於

西域其言曰得其道可以治天下嗚呼世有滅絕人倫之道可以治天下者乎其徒沙門數人隨之而入明帝與楚王英輩男婦焚香頂禮設醮齋僧創爲淸凉臺以供佛骨施設衣食以養沙門而天朝自是有佛矣其父光武皇帝以前天朝固止祭天地宗廟社稷五祀八蜡馬祖各家祖先未有所謂庵觀寺院佛菩薩者也沙門等倚其師說以念佛看經可得福利誘我愚民之欲以不信三寶必入地獄碓搗磨研油鐺火熬等危言嚇我愚民之膽於是信奉者衆而爲沙門徒者有利無產無依之民靡然從之而我天朝自是有僧矣前此漢秦以上我天朝固止士農工商無所謂僧者尼者滅絕人倫之人也噫乎使古聖人養法

在家宅五畝人田百畝雖沙門巧說亂墜天花誰肯舍我
父子兄弟從彼禽獸乎使古聖人教法在則家有禮義人
知孝弟寧饑死而不作無父無君之輩雖沙門巧說亂墜
天花又誰肯舍我孝慈義順友恭之樂從彼狠毒空寂乎
惟饑寒切身或世亂多故内無義理以自主遂相陷而蹈
於邪殊不思我一失足爲僧我祖父以上千萬人之血脈
自我而斬矣我身以下千萬年之生理自我而絕矣我父
母兄弟夫妻遂爲路人矣豈不可傷此心寧忍正如遊子
倉皇爲强暴所逼驅入陷阱仁人之所深憐而急欲引手
也至於道家者流禍在佛先成周之老子關喜西漢之文
成五利雖頗有異說然尚在君臣父子夫婦倫中未絕人

道也逝世昧於丹法仙術又染於佛教始亦滅絕倫紀故亦並與之前世大儒守其師道尊嚴之禮遇問者答之遇當闢者闢之未有專立説以勸化之者聞有明曹月川先生著夜行燭一書惜須行未廣鮮有見者予素抱熱腸不忍無知迷於邪途如疾痛之在身故著爲俚言數欵以與我同胞之迷而使返倘僧道聞予言而猛然醒幡然改則寧饑寒寧患難而不作無父無君之徒寧饑寒死寧患難死而不爲不忠不孝之鬼奮然出陷阱而就坦途以已失業之人一旦復事田園娛妻子其心之快何如耶以已壞倫之人一旦復父慈子孝兄友弟恭其家之快何如耶以已絕於親之人一旦生者無子而復有子死者無嗣而復

有嗣其親心之快何如耶以已絕於祖宗之人一旦歸祖宗無後而復有後塚墓無祭而復有祭其先靈之快何如耶以不服事君上之人一旦賢明者歸儒圖仕愚朴者租傭奉國添幾千萬有用臣民朝廷之快何如耶由此而漸引漸大自天朝而傳外國皆知去無倫之教而返之人倫則昔日西域生一釋迦害其本國延及天朝者今日天朝生一顏元救正天朝亦波及外國去人間千年之蠹豐廣天地無已之生成乾坤之大快又何如耶雖然此非元一口一手之力也所願同胞中之醒者呼同胞中之醉同胞中之植者扶同胞中之仆以天下之同胞救天下之同胞則邪可正經可興矣是爲序

壬戌中秋十九日題於習齋

# 存人編序

顏先生三存編訖人將得復性力學蒙治化快矣哉而先生愀然慮惆異端毆張方舉世而望之處之人類行盡又何學又何治而又安所謂性真比黎翁堂幹垣削屢夜稀穴穿日笑予不就昔衛靈公入國兩寇屑逐子夏挾弓十格而還周冥氏掌攻猛獸賊以靈鼓庭氏掌射國之妖鳥若神也則以太陰之弓與枉矢射之韓子曰如古之無聖人人之類滅久矣豈不信哉先生乃復著喚迷途釋迦佛贊解并與張東光議者類爲存人編於戲先生之心遠矣

康熙四十四年乙酉四月蠡吾門人李塨頓首序識

人編目

擬諭錦屬更念佛堂

# 存人編卷一

## 喚迷途

博陵布衣顏元著
蠡吾四卻子李明性訂

### 第一喚

此篇爲不識字與住持雲遊等僧道立說此項人受戒未深只爲衣食二字迷了勸他譬如誤走一條路先喚那迷者回來我們這裏喚那迷的也先聽得故第一

先喚那平常僧道

凡人做僧道者有數項一項是本人貧寒不能度日或其父母貧寒不能度日艱於衣食便度爲僧道一項是禍患

追身逃走在外或兵亂離家無地自容度爲僧道一項是
父母生子女不成信佛道在寺廟寄名遂舍人爲徒一項
是偶因灾禍妄信出家爲脫離苦海或目觸寺廟傾倒起
心募化說是建立功果遂削髮爲僧或戴髮稱道人大約
是這幾項人或有不得已或誤信好事做不是要惑世誣
民滅倫傷化便是聖人出世亦須哀憐而教化之不忍按
爲左道之誅也但你們知佛是甚麼人否佛是西域番人
我們是天朝好百姓爲甚麼不做朝廷正經的百姓卻做
那西番的弟子他若是個好人還可他爲子不孝他父母
爲臣不事他君王不忠不孝便是禽獸了我們爲甚麼與
去磕頭爲甚麼做他弟子他若是個正神還可他是個酉

神鬼全無功德於我們我們這房屋是上古有個聖人
叫有巢氏他教人修蓋避風雨虎狼之害我們於今得住
我們這衣食是上古有個聖人叫神農氏教民耕種又有
黃帝元妃叫西陵氏教人蠶桑我們於今得吃得穿我們
這田地是陶唐時有個聖人叫神禹把橫流的洪水都治
了疏江淮河漢鑿龍門通大海使水有所歸我們於今得
平土上居住我們這世界是伏羲神農黃帝堯舜禹湯文
武周公孔子合漢唐宋明以來歷代帝王聖賢立禮樂刑
罰治得乾坤太平我們纔得安穩所以古之帝王聖賢廟
食千古　今之帝王聖賢受天下供奉理之當然佛何人
有何功德乃受天下人香火真可羞也真可誅也你們動

輒說賴佛穿衣指佛吃飯佛若是個活的不忠不孝倘且不當穿天下人的衣吃天下人的飯何況佛是個死番鬼與天朝全無干涉你們為能指他吃穿的語云無功食祿寢食不安你們又動輒念經宣卷神要那西域邪言做甚麽人要那西域邪言做甚麽白白的吃了人家的活時做個不妥當的人死了還做個帶缺欠的鬼我勸你有產業的僧人早早積攢些財物出了寺娶個妻成家生子無產業的僧人早早拋了僧帽做生意工匠無能者與人傭工掙個妻子成個人家上與朝廷添個好百姓這便是忠下與祖父添個兒孫這便是孝使我上面千百世祖宗有兒孫下面千百世兒孫有祖父生作有夫婦有父子有宗族

相交的好人家死人祠宗墳墓合祖宗父兄族人埋在一處土做個享祭祀的鬼思量到此莫道是遊食僧道與住持僧道便是那五臺山京都各寺觀大富貴僧道也不該貪戀那無意味的財產你們說那有錢的僧道像甚麽就是那內官家富貴便黃金千兩位享三公斷了祖父的血脈絕了天地生機竟成何用思之思之

老僧人老道士見的明白你們受苦一生中甚麽用無徒弟的再不消度人了悞了自巳又悞他人神明也不佑有徒弟的早早教他還人倫你若十分老便隨徒弟去度日若不十分老也尋法娶妻便不娶妻也還家家下有房屋田產的固好雖無田產房屋尋個手藝生理的也好就兩

者俱無雖乞食度日比做僧道也好好在何處現有宗族合他有父兄子姪情分便病了他直得照管你便死了他直得埋殯你便做鬼也得趂祖宗享春秋祭祀豈不是好若做僧道莫說遊僧遊道死在道路狼藉狗臭的便是住持的若無徒弟也苦雖有徒弟伏侍的終是異姓人比不得我兒女是我骨肉也比不得我宗族是我祖宗一派死了異姓祭祀也無饗埋況世上那有常常住持的寺院究竟作無祭祀的野鬼豈不傷哉

歸人倫事最宜發圖第一件先要知前日由平民做和尚是朝廷的逃民是父母的叛子是玷辱親戚朋友的惡孽古人云不忠不孝削髮而捐君親遊手遊食易服而逃租

義只此四句斷定和尚不是好人了今日由和尚做了平民是朝廷正道百姓是父母歸宗孝子是從頭有親戚有朋友的好事古人云自新休問昔狂伊尹稱成湯改過不吝自新便成的君子改過便做的聖人我之歸也不忍我祖宗無後而歸也不忍我父母無子而歸也是謂之大仁不顧天下人皆有夫妻我獨爲鰥夫而歸也不顧貴賤賢愚皆爲朝廷効力獨我爲猾民而歸也不顧昆蟲草木皆爲天地廣生成我獨腐朽而歸也是謂之大義大仁大義之舉而世人反以爲不美事名之曰還俗夫謂之俗必以爲作倫道是聖果事而今還於俗凡也必以爲是清雅事而今還於俗鄙也必以爲新奇事而今還於俗常也嗟乎

名不正則言不順言不順則事不成此尼父之所大慮也吾今正其名曰歸人倫明乎前此迯往他鄉而今歸家也明乎前此誤入禽獸之類而今歸人羣也明乎前此逸出彝倫之外而今歸子臣弟友之中也世人去家鄉數千里見一本土人輒滂沱不勝一旦還鄉則隣里皆來看望心欣慰樂今之歸倫何獨不然僧道有歸人倫而來見吾者吾必酒食待之爲之圖謀生理吾黨有寄尺書口信於吾者曰某處某僧道今歸倫於某府州縣某鄉爲某姓名矣吾必不遠百里具儀往賀之人之好善誰不如我鼓動天下救濟生民同志者共勉之

你父母生你時舉家懽喜門左懸弧懽喜者以爲他日奉

教自體承宗繼嗣有所托矣一旦爲僧道生不能養死不能葬使父母千萬年無掃墳祭主之人一思赤子懷抱時你心安不安懸弧者男子生下當爲朝廷應差應甲平定禍亂大而爲將小而爲兵射獵四方生人之義也一旦爲僧道便爲世間廢人與朝廷無干不但不爲朝廷効戰鬭並不當差納糧以供其上回思懸弧之義寧不自愧

禽有雌雄獸有牝牡昆蟲蠅蜢亦有陰陽豈人爲萬物之靈而獨無情乎故男女者人之大欲也亦人之眞情正性也你們果不動念乎想欲歸倫亦其本心但拘世人之見以還俗爲不好耳今無患矣我將此理與你們說明了更不可自已躭悞

細思來你們爲僧道也只爲吃碗自在飯豈不思上自天子下至庶人皆有所事早夜勤勞你們偏偷安白吃就如世間倉鼠木蠹一般了是甚麽好試看世上各行生理手藝命中有飯吃自然餓不着你何必做僧道你命中若不好做僧道也受饑寒況有一種赴苦做活種地灌園的僧道一般受苦爲何廢了人倫你們都思量思量不可胡迷到底也

四卻子曰理明情切可令僧道輩又哭又笑哭爲何說的情理透切自然淚出痛腸豈不哭笑爲何說的情理爽快自然滿心懽喜豈不笑

第二一嗔

此篇多爲參禪悟道登高座發偈律的僧人與談清靜煉丹火希飛陞的道士立說較前項人惑漸深迷漸遠雖同類歧然此等率出聰明靜養之人聰明人易馳高遠故惑於異者多僕以爲聰明人易惑亦易悟靜養人善思又善聽況吾之俚言如數一二如辨黑白如聞鐘鼓亦易入者一悟一思而猛然醒幡然改同快人倫之樂豈不美哉

佛道說真空仙道說真靜不惟空也並空其空故心經之旨無無明亦無無無明盡不徒靜也且靜之又靜故道德經之旨牝矣又玄玄矣又屯屯吾今以實藥其空以動濟其

靜爲僧道者不我服也入之深惑之固方且望其空靜而前進之不暇又焉能聽吾所謂實與動乎今姑即佛之所謂空道之所謂靜者窮之而後與之言實與動佛殊不能空也即能空之益無取道殊不能靜也即能靜之益無取三才既立有日月則不能無照臨有山川則不能無流峙有耳目則不能無視聽佛不能使天無日月不能使地無山川不能使人無耳目安在其能空乎道不能使日月不照臨不能使山川不流峙不能使耳目不視聽安在其能靜乎佛道之空靜正如陳仲子之廉不能克其操者也即使取其願而各遂之佛者之心而果入定矣空之眞而覺之大矣洞照萬象矣此正如空室懸一明鏡並不施之粉

其粉梳鏡雖明亦奚以爲曰大覺曰智慧曰慈悲而不施之於子臣弟友方且照不及君父而以爲累照不及自身之耳目心意而以爲賊天地間亦何用此洞照也且人人而得此空寂之洞照也人道滅矣天地其空設乎道者之心而果死灰矣嗜慾不作心腎秘交丹候九轉矣正如深山中精怪並不可以服乘致用雖長壽亦兩間一蠹曰眞人曰至人曰太上而不可推之天下國家方且盜天地之氣以長存煉五行之精以自保乾坤中亦何賴有此太上也且人人而得此靜極之仙果也人道又絕矣天地其能容乎世傳五百年雷震一次此必然之理蓋人中妖也天地之盜也

請問若輩聰明人乎愚蒙人乎果愚蒙人也宜耕田鑿井以養父母以受天子之法制不應妄爲大言鼓天下之愚民而立教門若聰明人也則以天地粹氣所鍾宜學爲公卿百執事以勤民生以佐王治以輔扶天地不宜退而寂滅以負天地篤生之心

朝廷設官分職以爲萬民長立法定律以防萬民欲人雖賢智只得遵朝廷法律而行所謂雖有其德苟無其位亦不敢作禮樂也你們輒敢登高座妄稱使人跪問立聽輒敢動刑杖是與天子長吏爭權也輒敢別定律令號招士民謂之受戒各省直愚民呼朋引類赴北京五臺受禪師法戒是與天子爭民也堂堂　皇王之天下儼然半屬梵

天子之臣民倘　朝廷震怒或大臣奏參豈不可懼猛醒

猛醒。

你們那個是西域番僧大都是我天朝聰明人欲求道當求我堯舜周孔之道堯舜周孔之道是我們生下來現成的道此身是父母生的父母生此身如樹根長出身幹枝葉若去父母是樹斷了根還成甚麼樹所以堯舜周孔之道全在於孝小而養口體悅心志大而顯親揚名再大而嚴父配天自庶人上至天子各隨分量都要完滿毫釐不盡便是缺欠便不可以爲子不可以爲人況敢拋卻父母忍心害理視爲路人還了得此身合兄弟同生都要相愛有兄長又如樹上生的前一節後一節若離了兄正如樹

枝斷去前截定後截絜壞了所以堯舜周孔之道全在於弟隅坐隨行尊父母的嫡子敬之如嚴君愛父母的遺體愛之如嬰兒無貴無賤各隨分量都要完滿分毫不盡便是缺欠便不可以爲人弟卽不可以爲人子況敢拋卻兄長忍心害理覩爲路人還了得父母生下我我又要妻作子孫的父母他日子孫又長成作父母故曰有夫婦然後有父子有父子然後有兄弟有兄弟然後有朋友有朋友然後有君臣故堯舜之道造端乎夫婦此端字是端倪的端字如織布帛之有頭緒如生草木之有萌芽無頭緒則布帛沒處織無萌芽則草木沒處生無夫婦則人何處生一切倫理都無世界都無矣且你們做佛弟子的那一個

不是夫婦生來的若無夫婦你們都無佛向那裏討分子
佛的父親若無夫婦佛且無了那裏有這一教說到這裏
你們可知佛是邪教了是異端了假佛原是正道原行得
他是西域的師西域的神我們有我中國的師中國的神
自已的師長不尊為甚麼去尊人家師長自已的父母不
孝為甚麼去孝人家何況原是邪教原是異端由其道一
步行不去從他做甚你們最聰明說到這裏莫道你們有
才料在世間做的別事便做個農夫做個乞丐也不失為
正人為甚麼上高座闔眼跏趺手跟着鬼談邪言自欺以欺
世也思之思之
佛輕視了此身說被此身累礙耳受許多聲目受許多色

口鼻受許多味心意受許多事物不得爽利空的去所以將自已耳目口鼻都看作賊克其意直是死滅了方不受這形體累礙所以言圓寂言涅槃有九定三脫諸妄說總之是要不生這賊也總之是要全其一點幻覺之性也嗟乎有生方有性若如佛教則天下並性亦無矣又何覺無所謂昭昭何所謂暗暗如佛教並幻亦不可言矣又何佛怪哉西域異類不幸而不生天朝未聞我天朝聖人之言性也未見我天朝聖人之盡性也堯舜周孔之言性也合身言之故曰有物有則堯舜性之湯武身之堯舜率性而出身之所行皆性也湯武修身以復性據性之形以治性也孔門後惟孟子見及此故曰形色天性惟聖人然後

可以踐形形性之形也性形之性也舍形則無性矣舍性
亦無形矣失性者據形求之盡性者於形盡之賊其形則
賊其性矣即以耳目論吾堯舜明四目達四聰使吾目明
徹四方天下之形無蔽焉使吾耳聰達四境天下之聲無
壅焉此其所以光被四表也吾孔子視思明聽思聰非禮
無視非禮無聽明者目之性也聰者耳之性也視非禮則
蔽其明而亂吾性矣聽非禮則壅吾聽而亂吾性矣絕天
下非禮之色以養吾目賊在色不在目也賊更在非禮之
色不在色也去非禮之色則目徹四方之色適以大吾目
性之用絕天下非禮之聲以養吾耳賊在聲不在耳也賊
更在非禮之聲不在聲也去非禮之聲則耳達四境之聲

正以宣吾耳性之用推之口鼻手足心意咸若是推之父子君臣夫婦兄弟朋友咸若是故禮樂繽紛極耳目之娛而非欲也位育平成合三才成一性而非侈也彼佛大之空天地君親而不恤小之視耳目手足爲賊害雖閉眼内顧存養一點性靈猶瞽目人坐暗室耳目不接天下之聲色身心不接天下之人事而方寸寂思無所不妙可謂妄矣安在其洞照萬象也哉且把自身爲賊絕六親而不愛可謂殘忍矣及其大言慈悲則又苦行雪山割肉餧鷹餧身餧虎何其顛倒錯亂也哉

洞照萬象昔人形容其妙曰鏡花水月宋明儒者所謂悟道亦大率類此吾非謂佛學中無此意也亦非謂學佛者

不能致此也正謂其洞照者無用之水鏡其萬象皆無用之花月也不至於此徒苦半生爲腐朽之枯禪不甚可憂此自欺更深何也人心如水但一澄定不濁以泥沙不激以風石不必名川巨海之水能照百態雖渠溝盆盎之水皆能照也今使疎起靜坐不擾以事爲不雜以旁念敏者數十日鈍者三五年皆能洞照萬象如鏡花水月做此功至此快然自喜以爲得之矣或預燭未來或邪妄相感人物小有徵應愈隱怪驚人轉相推服以爲有道矣予戊申前亦嘗從宋儒用靜坐功頗嘗此味故身歷而知其爲妄不足據也天地間豈有不流動之水天地間豈有不著地不見沙泥不見風石之水一動一著仍是一物不照矣故

管道楊傻子存學編所引出山便與常人同也今玩鏡裏花水裏月信足以娛人心目若去鏡水則花月無有矣即對鏡水一生徒自欺一生而已矣若指水月以照臨取鏡花以折佩此必不可得之數也故空靜之理愈談愈惑空靜之功愈妙愈妄吾願求道者盡性而已矣盡性者貫徹之吾身而已矣徹身者動與萬物共見而已矣吾身之百體吾性之作用也一體不靈則一用不具天下之萬物吾性之措施也一物不稱其情則措施有累身世打成一片一滚做功近自几席遠達民物下自隣比上暨廟廊[illegible][illegible]灑掃精通爕理至於盡倫定制陰陽和位育徹吾性之眞全矣以視佛氏空中之洞照仙家五氣之朝元猶[illegible]之[illegible]

耳何足道哉

四印子曰談仁義孝弟心性如數家珍明白愷切不獨可與僧道即吾儒皆當各置一通於座右

第三喚

此篇是喚醒西域眞番僧者我天朝人誤走迷途固皆呼之使轉矣西域番僧獨非同生兩間者乎他既各具人形便各有人性尋常自謂生遇釋迦亦使之垂頭下淚固以其人形尚之也况今番僧亦不幸而生乎西域爲其習俗所染邪教所誤耳何可不救之使歸人倫耶你若識天朝字自讀而自思之若不識字能解天朝語可求人講與你們聽

你雖不幸而不生天朝你獨無父母耶你父母生下你你便不做人父母生人可乎是釋迦誣了你你求人講上兩喚聽便惺的釋迦是邪説了你看天地是個大夫婦天若

無地也不能化生萬物天不能無地夫豈可無婦你看見婦人果漠然不動念乎這一動念卻是天理不容滅絕處只我天朝聖人就這天理上修了禮義定就婚姻禮法使天理有節制以別於禽獸然禽獸雖無一定配偶而游牝以時也是禽獸的天理若人無配偶是禽獸的天理也無了豈非天地父母惡物乎你們也當從我天朝行婚禮配夫婦有一定配偶這便是人道了力不能回家的便在天朝娶妻學天朝人手藝做個過活成個人家生下子女萬世世是你們後代了力能回家的將這與逃途帶去講辯與你國人聽教他人人知釋迦是邪教也學我天朝聖人同道理孝弟忠信你們就是正道的祖師了你們就是你

的聖賢了與你國添多少人類添多少親戚添多少禮義便是大有功德天神必加福祉你們子孫爲官爲帝爲王都是有的你們看我天朝爲帝爲王的爲國公侯伯的官宦的多是羲農黃帝堯舜周公孔子子孫我教你歸人倫是慈悲乎釋迦教你斷子絕孫做個枯寂的鬼是慈悲乎你思量思量

你們在天朝來的都不是庸俗人或奉你本國王命進來妄說做國師的或差來納貢的或差來觀天朝虛實的或彼處豪傑自拔要到天朝顯才能的或彼國不得志求遇於天朝的大都是聰明人且說你國也有夫妻否也有兒女否也有鄰里鄉人否也有君臣上下否夫妻也相配

合否生兒女也愛他否兒女愛父母否兒女同生也彼此擡敬否鄰里鄉人也相交好否君臣上下也有名分否吾知其必夫婦相配也必父子相愛也必兄弟同生者相敬也必鄰里相好也必上下有分也這便是凡爲人類者自然的天性必有的道理我天朝聖人只因人自然之性教人必有之道因人有夫妻相配便教他以禮相合夫婦必須父母之命媒妁之言六禮備而後成成後還要相敬如賓相成如友夫義婦順這叫做夫婦有別那佛斷絕夫婦的好還是夫婦有別的好因父子相愛便教他父慈子孝父慈不但幼時懷抱養育大時還教他仁義管他務正事子孝不惟衣食奉養還要和敬並盡朔望節令還行參拜

禮文沒後還有許多喪祭道理這叫做父子有親那佛斷
絕父子的好還是父子有親的好因人兄弟相敬便教他
兄友弟恭無論男兄弟女兄弟都是兄愛其弟弟尊其兄
一坐一行都有禮法不得欺侮不得僭越這叫做長幼有
序那佛兄弟無情的好還是長幼有序的好因人鄰里相
好便教他同類相交謂之朋同志相愛謂之友以實心相
與以實言相告這叫做朋友有信那佛棄絕人類入深山
的好還是朋友有信的好因人上下有分便教他君使臣
以禮臣事君以忠這叫做君臣有義那佛斷絕君臣的好
還是君臣有義的好我天朝道理只有這五件制許多刑
政法度之文禮樂兵農之具水火工虞之事都是要節宜

這個維持這個當東漢時有幾個沙門傳佛道入天朝釀成無窮大禍鳩摩羅什等又番譯西域經文傳有許多邪說以惑天朝之民這都是天地的罪人你們更不可效尤若能醒解我的言語把我天朝聖人的道理傳至西方將與進途番譯成西方的言語使人都歸人倫都盡人倫莫說父盡父道子盡子道君盡君道臣盡臣道你西方諸國享福無窮只人也多生幾千萬豈不是真善果勉哉

四卻子曰爲他叫醒爲他安排爲他開發無一處不明無一處不妥說五論處真錦心繡口

# 存人編卷二

## 喚迷途

博陵布衣顏元著

蠡吾門人李明性訂

### 第四喚

前三篇喚迷途之人已畢此篇又專爲名儒而心佛者士說雖在五倫之中而見迷禪寂如宋蘇東坡明王弇洲之徒少有聰明記問淵博啟口成辭舉筆成文不惟詞壇之雄而無識之人且尊爲儒者其實邪正不明得罪名教一生學力萬卷文章只此一說舉無足觀惜哉歐陽文忠與蘇文忠人品學問俱難軒輊只彷彿一節蘇

斯下矣佛之爲邪易明易見長公之才把筆何等氣力立朝何等風節到大悲閣記四菩薩記等文便卑鄙不堪迷惑如田間村婦語何其於堯舜周孔之道頭怱四書五經之理遼萬里也必是自幼生長川蜀之地習見僧人多讀佛書入鮑魚肆不覺其臭矣文人看書可不慎哉

老泉傳家原是文人伎倆雖好讀孟子只要討出文法不是明道故其夫妻皆佞佛並其聰明子亦誤之矣豈不可惜

歐陽文忠公大有過人論頭如説聖人教人性非所先其識尚於程朱一派蓋聖人教人只是六德六行六藝端一[illegible]言夫子之文章可得而聞性道不可得聞程朱一派

心談性道習起聖門時習事功不做盡亦隱爲禪惑不覺其非[illegible]說永叔爲說異矣如作本論勝於柳蘇諸人但他亦是從文字起見只作一篇好文字耳亦不是全副力量衛聖道闢異端的人公若向此處做工夫與子瞻相交最深自可一言而救正之何至聽其惑溺而不返也且與鄭公同在政府若常講明邪正之理鄭公亦必相感而化以二公之賢而不能化亦未聞辯論救正之語固知其非用功於闢異者矣且與韓富二公三賢秉政大權在手正當舉其所謂禮樂者實行之矣乃亦全不掛口益見其爲文字之見非孟子本領矣

本論亦非確當之理醫書云急則治其標緩則治其本今

佛氏之害瀰天漫地如人遍體瘡瘍若是而言從容調理血氣乎抑急須針膏爍洗之方也佛之害中人便昏亂狂顛發作便窒氣絕生正如風痰急症風不散則立刻癱瘓火不解則立刻譫語痰不吐不下則立刻喪命但是而言從容補陰陽乎抑急須湯丸灸薰散風降火吐下頑痰之法也佛之害在一日則此一日中普天下添多少人爲僧便斷多少人血脈如病瘟疫天疱遲治一日便多傳染幾人如是而言采參於朝鮮以補中斬兒於羌要以解毒乎抑覓用防風荊芥以汗之苓連惡食金銀花之屬以解之[illegible]偽者也公之言曰幸有一不惑者方艴然怒曰將揮戈[illegible]有就而排之千歲之患徧於天下非一人一日所

者爲民之沉酣入於骨髓非口舌之可勝莫若務本川勝之嘆乎公第甚言當務本耳不知御牀醫家急則治標及標本兼治之法矣是聖人不生禮樂不興便任佛氏之滅倫傷化戕賊民生而不救乎不幾如朝鮮之參羌國之兒不至遂聽瘟疫天疱之死喪傳染而不治乎何以爲醫也乾坤中揮戈逐佛著說排佛者若傅尙書韓吏部胡致堂其表著者公亦其一人矣若非有公輩數人不忠不孝數語佛骨表原道本論數文在乾坤更不知何底矣非一人所可爲雖千萬人亦一人之倡也非一日所可爲雖千百年亦一日之積也救得一人是一人轉得一日是一日正得一分是一分又曰民之沉酣骨髓非口舌所可勝亦未

之思也積蚊成雷累晝成冊吾儒在上者則興禮樂以化民在下者則崇仁義以明道彼佛何所有哉徒以口舌簧鼓轉相惑誘遂亂天下至此吾獨不得以口舌救之乎天相吾道吾人而在上也一面興禮樂謹學校以修其本一面立法禁施誥命以治其標天不相吾道吾人而在下也一面崇仁義勵躬行以修其本一面詳辯論著書說以治其標夫禮樂明則人才出而操戈排佛者益衆此本而標之之法也辯論著則君相悟而禮樂興此標而本之之法也庶幾其善醫矣

愚蒙人為禿番所欺固可憐聰明人求聞堯舜周孔之道士巽而還亦無怪所可惡者柳富藴王以絕世之才讀孔

于之書有目而不分黑白有耳而不辯鐘磬時而堂堂正
正論聲如海潮河決時而窒心眯目迷惑如村婦牧兒最
足以修愚僧之門迷俗人之向此君子所深爲痛恨者也
無[illegible][illegible]文士朝氣節皆孔子所謂其餘不足觀者功不抵
其罪也與之弇州豈特一文士耳本必有大君子與之交
也柳則友韓矣富藉則友歐陽矣柳富藉之不虛心受益
韓歐之不極盡規勸均可憾也今世而有韓歐乎遇友人
之柳富藉者宜極盡其救正正之不可而再再之不可而
三而四此非小故也今世而有柳富藉乎遇友人之如韓
歐者則宜虛心受益改轍自新勿攻訐於君子可也試看
賈島一詩僧耳從昌黎而歸人倫尙來千古美談況吾儒

中豪傑而可自誤乎哉

三代後唐之昌黎宋之程朱明之陽明皆稱吾儒大君子然皆有與賊通氣處有被賊瞞過處有夷躐結社處有逗遛逃亡竄處今畧摘一二與天下共商之非過刻也恐佛氏借口與儒之佞佛者倚以自解也昌黎誅佛不遺餘力死生以之真儒陣戰將也惜其貶潮州時聞老僧太顛召至州郭與之盤桓及其將行也又留衣服爲別夫使太顛可教則一二見可化之歸儒不可教則爲不就撫之猾寇又何久相盤桓留衣相贈乎不幾夷躐結社乎及孟尚書聞其事貽書致問又稱太顛頗聰明識道理于闇答書至此亦爲驚異世豈有爲僧之人而識道理者乎豈有識道理

之人而爲僧者乎則昌黎所見之道理必尚有微異於瓦
血者矣則昌黎之交太顛必尚有微爲瞞過者矣不幾逗
遛玩惡乎周子太極圖說已多了無極二字極乃最上者
標是最上之稱又加以大字是就無可名處雖指之矣又
何所謂無極乎至其言性又不合加一惡字故程朱由此
皆誤言氣質有惡又言氣質爲吾性害是即爲六賊之意
浸過儒道分界矣朱子盡力與象山辯無極二字是即爲
佛之空老之無隱蔽矣至程子作詩說道通天地有形外
思入風雲變態中又云隔斷紅塵三十里白雲紅葉兩悠
悠朱子動輒說氣質雜惡動輒說法門陽明近禪處尤多
習俗移人賢者不免所謂與賊通氣者此也

儒之佞佛者大約是小智慧人看道未貫上下或初爲儒者而功力不加畏聖道之費力半途欲廢又恥於不如人遂妄談空虛以誇精微者或貪名利工文字名爲儒而實不解聖道爲何物亦如愚民見異端而驚喜者至惑地獄禍福之説而從之者民斯爲下矣何謂小智慧見道未貫上下者彼多謂佛之上截與吾儒同或竟謂佛得其精吾儒得其粗此其人學識未大未能洞見性命之本及吾道體用之全見宋明儒者之所謂性無能出乎佛氏之上一聞禪僧之談心性遂傾心服之謂上截儒釋原不異也豈乎不[illegible]如吾存性編口所云根麻而苗麥乎天地間豈有坐有上截本仁而下截不愛父母者乎有上截本義而

截不敬君上者乎抑其上截之原非仁義也吾儒以仁義禮智信爲性而佛以空虛不著一物爲性以仁義爲性則忠孝者仁義之發也仁義者忠孝之源也後截之忠孝與上截之仁義如樹之根與枝一體也佛之上截無一生故爲不忠不孝之教斷絕倫物下截亦總一空也又焉得上截同而下截始異哉此輩猶能見宋明儒者之性者也至謂佛得其精吾儒得其粗者又並宋明儒之性未之聞乎日徒以章句目儒業即粗聞仁民愛物作用亦第視爲後起事不知堯舜之精一執中三事六府之體也三事六府精一執中之用也周孔之一以貫之三物四教之體也三物四教一貫之用也如樹之根本枝幹通爲一體未可

以精粗分也故無根本則無枝葉矣無枝葉則非根本矣梧檟之根藏土千年與穢腐同譏彼佛氏固未可以精言也又何者是其精乎以腐穢爲精愚之愚者矣何爲以初爲儒功半途而廢妄談虛空以誇精微者●人性皆善雖甚惡人必有善念一動之時雖甚濁世必有特起作聖之士但吾儒之道六歲教名數七歲教別八歲教讓九歲教數日十歲學書計幼儀十三歲學樂舞十五歲入大學凡六德六行六藝一切明親止至善者俱步步踏實地去做二十歲尚不許教人到三四十發揮其幼學者進見之君民退式乎●風俗今世全錯了路徑少小無根本粗者求之章句精者求之靜敬到數年或數十年後全不見古人克實

大化之我旣全體大用之我曠再進無工程之可據回顧無基本之可惜又恥於奔寶山半生作空手回之漢遂放達者爲莊周李贄之流謹飭者作龜山定夫之輩非以欺世也畧以自塗抹其作聖初心而不染於禪者鮮矣不知世降學晦孔徑久荒卽虛花無果前路弗憑正宜返求之實地雖六德之一德六行之一行六藝之一藝不自失爲儒也卽精力已竭尺寸莫贖惟當痛自悔恨如漢武輪臺之詔亦自千古共諒何必揜爲虛大而甘背於聖道之外哉君子思之何以謂名爲儒而實不解聖道亦如愚民之見異而喜者自幼惟從事做破題擇八股父兄師友之期許者入學中舉會試做官而已自心之悅父兄師友以矢

志成人者亦惟入學中舉會試做官而已萬卷詩書只作名利引子誰曾知道爲何物故以官長進士舉人而聽講於村俗僧人驚爲道妙而師事者有之以秀才而信旁門邪說入焚香會者有之豈儒者而喪心至此乎抑原未嘗於儒道叅一解行一步也況做秀才而貪利肆行爲官長而染指負上中氣必餒中心必懼明懼朝廷之法幽懼鬼神之禍一聞佛者灌頂之說烏得不悅一聞空名利之談烏得不服一聞懺悔消災之技又烏得不甘心也況僧道惑世誣民之巧網亦密矣地獄報應之說僅足惑天朝之愚民瘟疹送生仙妃之說僅足惑天朝之婦女士大夫不之信也又創爲文昌帝君之神謂司人間科甲貴賤又恐

其教之淡薄苦寂士夫未必肯受也又創爲準提菩薩會每月只幾日不食酒肉又許那借以遂其口腹之欲引之以不得不悅不得不服不得不甘心之勢而又開之以不甚苦而易從之門焉得不莫之禦而從於邪也雖然天理自在人心猛一覺照愚蒙之夫無不可去邪而歸正况我輩士夫聰明傑秀高出尋常萬萬者乎急出幽谷遂登喬木是所望於今之君子

地獄輪回之說我天朝聖人全未道及做子路才一問事鬼神問死便截斷不與言蓋人之與天地並大者盡人道也盡人道者方且參天地贊化育盡幽明上下而自我造之又焉得舍生人之理而不盡暇問鬼道乎故地獄無之

乎君子不道也有之乎則君子行合神明自當上升爲聖為賢爲神彼滅倫敗類不作生理之佛之僧生時已背叛人紀脫離人羣不可以爲人矣死後其可對冥冥之神乎不知神之所欽重福利者其在忠君孝親者乎此在無父無君者乎且不忠之臣但愧忠臣耳不孝之子但愧孝子耳而猶爲君之臣父之子也設冥府果因生前之過罪擬之罪恐視夫舍君而不之臣舍父而不之子尚有輕重差等也況不爲亂臣賊子者乎故明舍人道而好談幽冥盡人皆不可而佛僧更非所當言奈何反以我輩全人倫之人而聽彼言之妄可謂愚矣

試語懺悔之理若聽信僧言更爲可笑古人云積善之家

降之百祥積不善之家降之百殃又云鬼神福善而禍淫
詩云永言配命自求多福此禍福正理也成湯改過不吝
顏子不貳過此悔過改過正理也若能日畏天理日畏王
法不作虧心事倘奕即貪財好色做出無狀猛然一醒痛
改昨非成其今是孝親敬長忠君愛民恤孤濟寡救難扶
危真心實力足以格天地感鬼神況於人乎去卻半生惡
成此半生善或掃去五分惡成其五分善昔伯夷不念舊
惡孔子見人一善而忘其百非吾以爲神明亦當如是只
真心自新便爲君子自是朝野欽之鬼神敬之又何借佛
力僧經作三昧法水哉今有人罪惡種種官府將依律定
罪或有言此人素孝此人素弟或有言此人素有大功於

國君有大功於生民則周禮八議之法可行若空言再不敢了官其減罪乎若言出于大聖大賢或忠臣孝子或朝廷貴人官府或因而少減其辜亦未可知也今捕西番鄉婁之經依佛氏不忠不孝之鬼而求以免禍辟如作竊盜而求強賊爲之請討罵兄嫂而借弒父母者爲之先容罪不更加之耶願熟思之

四却子曰闢後儒佞佛根蒂道理極真識見極透看至痛切處快心快心

五喚

儒名而心禪者大足爲世道人心之害既呼回之矣世間愚民信奉妖邪各立教門焚香聚衆者固皆僭亂無足道然既稱門頭亂言法道聳男女廢業而胡行誘惑良民甚至山野里巷皆遍則其爲害亦不小矣愚民何知不過不曉念佛看經之爲非不知左道惑衆之犯律矣謂修善而爲之耳若不急急喚醒恐他日奸人因以起事則黃巾白蓮之禍恐即在今日延皇門九門等會上厪國家之憂下阬小民之命新河之事不已可爲覆車之鑑哉此篇各因其愚而開明之庶迷途上個個喚回共由蕩平之正路是予之願也

吾觀當今天下僧道是大迷途其迷途中之岐途岔路或有信佛或有信仙或仙佛兼奉而各立教門交相誘引焚香惑衆各省下蕊多名目吾未之遍遊而全知也惟就吾之近地眼見者一一正其誤而喚之回則他省府州縣名目雖不同而凡不遵子臣弟友之道者便是邪說不安爲朝廷百姓而名爲道人者便是左道皆可類推而急醒改之大率你們做頭行的都說是正道要化人你們做小道人的都不肯說是邪只當是修善這善字不明修字不講是今天下大關係也在仇大人惟大學首章三綱領是真善實去明明德實去親民而止至善自格物以至明德於天下當先者便先加工夫當後者便後加工夫這便是真修

除外此者都不是善都不是修善無位的百姓只今　聖
諭朝廷官府立鄉耆鄉約講解教人的木鐸老人朔望搖
鈴曉諭的便是眞善實去孝順父母實去尊敬長上實去
教訓子孫和睦鄉里各安生理勿作非爲便是眞個修善
若去口中念不忠不孝的佛聚會講無影無形的經這不
獨犯王法大是得罪神明你們聽那邪說人了迷的深了
如今說是犯王法你們不解譬如你們姓張你們的兒子
卻說他不是你兒子我姓李你們容他不容他朝廷以道
化天下我們就是他道中人你們而今另立門頭說我別
是一教這便是反了教了便和你兒子不從你姓從人姓
一般朝廷怎麽容的今日發文明日發禁你們不會見麽

京中剮了甚麼無生老母殺了許多倡邪道人你們不曾
聽的麽你們那頭行哄你們說上頭不是拏持齋念佛的
是恐怕聚衆謀反不曉的聚衆謀反是別有律條不與持
齋相干持齋念佛叫做左道惑衆是大犯法的便是一個
人持齋立教也該問罪又說他若是拏我我便吃酒肉不
知上面不是為你不吃酒肉是為你另立教門你如今可
醒那犯王法的去處了麽其得罪神明在何處我說與你
深微道理你們也不解且就明白的與你說你們家下供
佛的供仙的三世再無不得奇禍的再無不得斷宗絕嗣
的再無不得惡疾的這是怎說他是忍心舍世的狠鬼他
是無子無孫的絕寃你們把那狠鬼絕寃招到宅上焉得

不作禍焉得有子孫且如今人請幾個和尚道士來住在宅內是好不好且佛亦非以不好事故意加你辟如一人吃著山藥甜過心愛的人亦必教他吃山藥又如溺者喜人溺繼者喜人繼佛以覆宗絕嗣爲好你們敬他以氣相召也叫你覆宗絕嗣是必然的了我們宅上自有當祭的五祀正神門戶中霤井竈古人祭五祀或令庶人只祭二祀一祀至於士庶人各祭其祖先又是古今通法今你們不祭五祀不祭祖父專祀邪神辟如你們兒子有酒食只將去與張三李四吃反不孝父兄你心下惱他不惱他責懲他不責懲他神明自是不容加禍來祖先自是不救此所以得罪神明先靈也你們如今可醒的了麼你們當初

原是要修好只差走了路拏著不好當好修朝廷官府也還憐憫你們也還寬待你們從容曉諭教你改圖更有一等可惡的聽見傳下禁旨官府告示反說是刮風裏落病衆也把怕王法歸正道的好人反說是病衆不耐風你們執迷不醒不遵王法的倒是好衆把王法比做狂風倘朝廷官府聽的此話真個拏起來殺起來怎麽了得有識者替你寒心急醒急醒

上一段是大槩勸諭天下走邪門的我直隸隆慶萬曆前風俗醇美信邪者少自萬曆末年添出個皇天道卯今大行京畿府縣以至窮鄉山僻都有其法尊螺蚌爲祖每日望太陽叅拜似仙家吐納采煉之術卻又說受胎爲日連

念口中念佛是殆仙佛參雜之教也其中殊無好奇尚怪
聰明隱僻大可亂世的人不過幾個莊家漢信一二胡謅
[illegible]之人當就好事做不知犯王法亂人道得罪神明亦
不可不與醒他如你們不吃酒肉古聖人經上說爲此春
酒以介眉壽又云七十非肉不飽是聖人制下養老的物
若是不好聖人便不教人吃了若有一等性甘淡薄的人
不愛吃的也不妨但不當胡說胡道甚麽是胡說胡道即
如你們與日光叫爺爺月亮叫奶奶那是天上尊神我們
是百姓最小最卑那可加以名號你看北京纔有日壇月
壇天子纔祭的他便是都堂道府也不敢祭況我們愚民
每日三次參拜他做甚麽我嘗教一皇門道人說你去一

日三次叅拜你縣官看何如他說怕竹板打叅拜縣官便怕板打若去輕瀆朝廷頭也斫了你終日輕瀆那天神還是降灾不降灾所以你們多大災多涉門這個是犯王法得罪神明的一端又如你們把日改做晌把月改做節之類也只說是尊日月不敢冲犯之意不知我聖人書上說非天子不議禮不考文那官府行文都叫日月沒有改就晌節的禮沒有改就晌節的文你們私議私改是又一天子了看是小事卻犯大法又如你們把天上參宿叫就寒母又叫三星不知天官書上是七星上面還有兩大星叫參肩下面還有兩大星叫參足你爲甚麽把天神去了他二足你們把天上房心二宿合成一座叫就嬡母不知豎

四星是房橫彎三星是心你們混雜二宿爲一律上說要
說天象者斬這信門徒說卻犯了大法你們那裏知道又
如你們男女混雜呌人家婦人是二道只管穿房入室坐
在炕頭上不知我聖人的禮男無故不入中門女無故不
出中門叔嫂尚且不通問父兄於女子既嫁而歸尚且以
客禮待之至親骨肉亦必避嫌那有婦女往異姓無干的
人家去上會的禮那有異姓無干的男子入人内室的禮
這大是壞人道亂風俗你們怎麼不顧體面我不忍細說
你們思量思量古人云天地之性人爲貴我們在萬物中
做個人是至尊貴的怎麼反以蟲類爲祖師便成個仙佛
也是人妖也可羞況你們見成了多少仙多少佛盡是無

影妄談你們從今莫信他了回頭做朝廷好百姓省做會的財物孝父母敬兄長養子孫省上會的工夫作活計過日子只守王法存天理便是真正的善便受真正的福免得官府今日拏明日禁免得鄉人這個把持那個詐告[illegible]直隸去處是門道外九門最多其犯王法得罪神明是一理何用多言但你們愚民若不識名色一一說破那不是處你們不醒必有說那門是邪這門不是邪的便不肯改邪歸正九門道是斂錢給神掛袍上供的你們思量看縣官長也叫人斂錢做衣穿否做飯吃否苟非異樣贓害斷無此理況於神乎神要衣食做甚麼辟如百姓有人斂錢與官做衣食必是奸民官府知道必是打死神亦如此定

加你罪你看你那師傅們都被惡災都絕後了你還不怕
麼又如你們申文上表上帝你看知府巡道那樣大官還
上不得本必自巡撫轉本當初蠡縣道徐某拏了殺官破
城的大寇以爲有大功差人上本差官當時拏赴刑部將
徐問罪你們聞知否道官尚且上本有罪况你百姓上表
於上帝豈不大得罪麼又如你們擺幾碗豆腐涼粉請甚
麼玉皇上帝東嶽天齊城隍土地我們聽的大爲寒心你
們擺下那等東西敢請縣官否縣官且請不得請許多尊
神來做甚麼褻瀆神明罪必不赦思量思量又如你們供
養仙佛在宅上朝夕拜望焚香叩頭求福你們思量人家
請幾個和尚道士常住宅內何如定是不好佛菩薩仙師

都是斷子絕孫不忠不孝之鬼凡招這邪氣在宅自是不祥看巫蠱鎭魘之術但埋藏髮骨董物件在宅上便能釀禍看那邪祟中惡之疾但占髮靑魅之氣在人身便能爲疾況常常供此惡鬼豈不發凶所以你們供邪神三世者斷無不絕你們想想是如此否

他若十門專以跪香打七爲修善你看世間有錢的叫人跪他幾炷香便將錢與他有這理否便有之是好人否那有神明叫人跪他便給福的可謂愚矣世間豈有幾日不吃飯便得了道的又豈有幾日不吃飯便可得福之理這都是邪人弄個奇怪驚哄你們總不如信奉家宅正神孝敬自己的祖父方是正道又若無爲大乘龍華等名目不

一即如古之黄巾白蓮隨時改變名色以欺愚俗小之興騙錢財欺誘婦女大之貽患於國家釀禍於生民前朝白蓮之害近日新河之事你們不曾聞乎何不知懼也你們陷於邪說者深初聞吾言未必不怒請細細思量方知我愛你們苦心也看來也與你們無干你們本心是修善我們官者不自明其道無人講與你們聽不知如何是善卻誤走邪路上去我們殊深可愧也

聞河南一省白蓮教中人因自明朝山東謀反朝廷大禁又改名清茶會又叫歸一教愚民從之者甚衆其法晝燃燈佛供室中幽暗處設清茶爲供獻閉口卷舌念佛無聲指着說法指耳目口鼻皆是心性你們不知道朝廷法任

你改換多少名色就如黃門九門一般都是犯禁的只做好百姓孝弟忠信是善人你們供燃燈佛比人家念的阿彌陀佛釋迦佛改了個名色也不過是西域番人當不得我天朝聖人當不得我天朝　皇上我們現爲天朝人放著我天朝聖人的道不遵我天朝　皇上的法不遵卻奉西番燃燈佛這就不是了我們愚民只可做莊稼做買賣孝父母敬尊長守王法存良心便是本等胡講甚麽心性我們書上說率性之謂道這子臣弟友便是率性來的你孝父母便是爲子的心性你敬尊長便是爲弟的心性你們鋤田的人胡講甚麽心性胡說甚麽歸一大凡邪教人邪好說三教歸一或說萬法歸一莫道別的歸不得一只

我儕道祭自巳的祖父自家宅神你們好祭西番死和尚活歸去不歸一要説一是性你們把本性的子臣理都不知御尊他不忠不孝的佛還歸甚麽　要説一是空越發不是了只看我與參禪悟道會道的便醒的了不必重叙只你們要各人散去務農做生意莫聚會胡説便是好人若有高年識字人愛隨個會就遵朝廷法令講聖諭大家相勸年少做子弟的如何孝如何弟年老做父兄的如何教子孫成個孝慈風俗和睦鄉里各安生理勿作非爲朝廷官府知道也歡喜第一件要知焚香聚衆妨你莊農買賣正是不安生理正是作非爲了

歷代帝王優禮儒生做秀才時便作養禮貌一切差徭雜

役不以相煩下自耒入流上至三公皆用儒生做而儒生不能身蹈道義以式風俗可愧一也不爲朝廷明道法化愚民可愧二也不盡力闢辯佛仙二蠹以救生民於荊棘可愧三也今日儒運恐遭焚阬清流之禍不遠矣僕用是憂懼輒爲俚說願凡爲孔子徒者廣爲鈔傳於以救生民報國恩同天意庶僕懼心少下也祝祝

四卻子曰提明他法門從好說到不好處又從不好說到好處無非欲喚與之醒也費盡胞與心其如愚人何

## 太祖高皇帝釋迦佛贊解

博陵布衣顏元稿

佛之害至今日尚忍言哉胥天下之周行而埂塞之胥天下之人物而斬絕之家家土偶而不思野鬼入宅足以招致不祥戶戶誦經而不知覆宗絕嗣之邪教陰毒浸淫是以害人禍世甚哉民乎愚之可憐也人徒見高皇帝龍潛皇覺僧道人品遂謂佛至明朝實崇信之不知高皇識見力量為三代後第一君真龍川所謂開眼運用光如黑漆者其一時之誤特倏爾雲翳耳今觀是贊放邪衛正乃益服其識之高言之切於世道人心大

有功也而或者謂佛家有謔贊體太祖以之寻以爲不然謔伯夷者必謔以陳仲子斷不能以盜跖謔柳下者必謔以胡廣斷不能以黃巢況此贊之尾刀斧森嚴直使佛逃奸無所世有鐵案殺人以爲謔者乎即使姑從人言謂太祖而果謔此謔也亦率性之謔矣不佞竊世之愚妄爲詮釋用公天下至於辭則效訓諭俗說庶使荒村父老子婦皆可聽覩而不敢從事於筆墨之文也

這箇老賊貪心不輟

自有這箇天地便有這箇人自有這箇人便有這箇君臣父子夫婦兄弟朋友的人倫佛氏獨滅絕之自有這箇天地人便有這箇生生不窮的道理佛氏獨斬斷之

直是箇殺人的賊了高皇命名以此王言何確也至老
之二字更中其情賊不老猶或有悔心猶或不巧於盜
猶或易撲捉惟是他老熟於盜生不回心死不悔禍善
爲淫詞詭術以欺天下後世任是聰明伶俐的人都被
他瞞過吾儒之道有天地還他箇平成有父子還他箇
慈孝有民物還他箇仁愛因物付物不作自私自利心
釋氏全空一不管只要自巳成箇幻覺的性便了真是
貪利行私的又全無悔懺竭力在那幻妄理上去做盡
力在那幻妄途上去走則此貪心何時是輟彼自家卻
假說些甚麼清淨慈悲非聖祖箕大眼誰能指出他這
箇貪字

將大地衆生偷出三界火宅

釋氏甘空寂自謂清涼世界故指兩間爲火宅不知乾坤中二氣五行全賴此火天地非太陽真火則黑暗人非命門真火則滅絕忠臣孝子一副熱腸愚夫愚婦一段熱情釀成世界這大地衆生離了火宅便過不得日子且釋氏亦自火宅中生出即結成舍利子亦是火宅中豆大火光彼自已且偷出不去又烏得偷出衆生哉

曰偷出者聖祖原老賊一種偷出貪心而定罪耳火便是世間生生不窮的種子火宅便是世間君臣父子夫婦兄弟朋友行走的去處佛氏盡欲偷出正名定罪真是老賊了

此則假滅雙林逃形在微塵刹界

此是據佛事實而形容老賊之情狀也謂在雙林之地託名假死以掩其迹又逃其形在微塵刹界使人莫得擒捉也然佛雖善逃善掩天地如烘爐日月如明鏡彼在中間終是不能逃得一步止落了一箇賊害天下之物

五十年談許多非言三教中頭一箇說客

佛說法不足五十年言五十舉成數也其間如棄絕父母之言為非孝背叛聖人之言為非法如天上地下惟我為尊之言為非天地如耳目口鼻身意六賊之言為非人總之背非言也三教者世俗以儒宗孔子道宗老

子桑門宗釋迦爲三教我夫子祖述堯舜憲章文武躬行六德六行六藝非徒以口說者而且爲天地肖子爲衆生父母至親也不可言客卽老子玄化守雌微異吾儒然孔子稱其猶龍老子習於禮自言以道治世其鬼不靈則亦非徒逞口說者況當時爲周柱下史亦中國人臣也生於苦縣亦中國人子也凡天下李姓皆祖之亦中國人父也不可謂之客飛霞紫氣之說乃後世道家者流妄托耳惟釋迦空天地空萬物亦空其身全無一斐行實專事口說生於伽毘羅國行於天竺國與中國全無干涉眞是箇客且空天地則天地孛蝕之客氣空萬物則萬物游䰟之客忤自空其身則此身追命之

客鬼説客二字確乎不可易矣然説客又坐之以頭一節者何也如儒之莊列儀秦道之五利靈素釋之佛圖澄鳩摩羅什或以口説或以筆説皆説客也而不若釋迦爲最

普天下畫影圖形至今捉你不得

賊與帝王勢不兩立有賊則帝王之教化不行宇宙之民物不安宜急急捉者故遍天下畫爲影象圖爲形色毯毛跣足明是老賊之狀破額裸身明是老賊之體閉目趺坐明是老賊奸爲佚逸之態亦易辨易見可一索而速擒者乃至今捉之不得則中國之禍何時已乎人民何辜遭此土偶作祟太祖獨曰吾將畫影圖形以

捉之也是大聰明大手段故末二句果然捉住

呵呵呵没得説眉毛不離眼上横兩耳依然左右側

此一段便是高皇捉住佛處呵呵呵大笑聲也佛全憑口説而今笑你將何説乎你眉毛依然在眼上横着你何不空此眉兩耳依然在左右長着你何不空此耳蓋五官百骸是開闢來有的五倫百行是盡人外不了的佛空父子必是空桑頑石生的然後可然縱生自空桑頑石而空者猶是桑頑者猶是石豈是空的空君臣則普天之下莫非王土天地是天子的父母四彝是天子的手足佛若説空則上不得天入不的地遁不得山林逃不得外國佛將安之空兄弟朋友而又廣度生徒是

去絆而戴枷了豈止不能空乎空夫婦以絕生生之道而自己御欲結舍利子以長存誰還說是空的太祖指其易見處就創與耳言之而老賊情狀畢露使倆盡窮束手就擒矣唐高祖沙汰一勅以後錄捉贼之功太祖其首乎

本乂類 卷二 王

毀念佛堂議

束鹿張鼎彝號東巖

元藏拙草茅素不慣交顯達一時君子蓋多其人菩愚陋無由知以尋父遊遼左貞節叩號無門不入奉天少京兆束鹿張先生爲吾友尙夫兄且憐苦子爲頒布報帖所屬是以得侍坐側聞此議也謹錄爲喚述助

甲子張子奉　簡命督學奉天旣抵瀋適通志成大京兆以其稿屬爲讐校見其誌祠祀錦北關有曰念佛堂者喟然曰風俗之不淑民無禮也人心之不正上無教也子輿氏曰不以堯之所以治民治民賊其民者也堯之所以治民者何也勞之來之匡之直之輔之翼之使蚩蚩者氓日

用飲食曉然於三綱五常而不敢於邪慝斯已矣錦州爲
我　朝龍興地　太祖　太宗暨　世祖皆嘗以
堯舜之治治之者也今　上命吾儕來伊茲土固將曰
爾受茲嘉師應勞之來之匡之直之輔之翼之以無負我
三城堯舜之民也錦民者竟羣然以念佛爲業而又肆
然鳩工庀材而樹之堂而又巍然峙於都會之衢而又煌
然登諸通誌以昭示夫天下後世所謂勞之來之匡之直
之輔之翼之者固如是耶余竊以爲懼爰召太守其君而
議曰盍毀諸辭曰錦民之習於是也衆且匪伊朝夕矣佛
之便吾瞿然曰佛法至漢明始入中國迄今千餘年西方
聖人之名遍海澨凡名山大川靡不有珠宮貝闕以供香

以然聖君賢相雖未能盡去髡髮之侶闕寺存焉釋氏於一帝三王之道迪萬世以祈雍熙者也即蕭瑀王欽若之徒為聖君賢相所不齒亦不敢播為令甲只以入掌清空閑門寺徑之事殆名乎寰區也甚而至於佛圖澄之佐石勒姚廣孝之佐成祖身本緇衣而得君行政奏底定之勳宜以其備易天下矣卒亦未敢攙一言於制治之書俾有室有家者習從天竺教作六時梵誦也予太守當堯舜在御而乃使錮之民羣然以念佛為業肆然鳩工庀材而樹之堂巍然峙都會之衢煌然登諸通誌以昭示天下後世為蕭王佛姚所不為將何以無負嘉師而對揚天子之休命乎不賜于非義而諉諸衆且久則甚矣予太守之餘也

闢之義州鄉俗故重佛老及諸不經之神有醫閭先生首異祀外神文祝而悉焚之一時翕然無或梗焉者夫義之民衆矣其俗亦非一日矣醫閭不過一謝病鄉先生耳非其有貴也非其有權也乃毅然行之而義州人無敢梗焉者豈有他歟躬行以導之積誠以動之坦白洞達以曉之雖甚頑愚固無不可格之民也予太守保釐東土民之表也誠破其飾而振其綾何畏乎徒之繁而淫於二音之深且久哉若念錦土瘠凉其材或可惜則錦鄉有遺右書院爲明樊介福直指所建借其地而復之集郡之俊秀實其中而訓之以白鹿洞之規條救俗育才均有賴焉其誰曰不宜惟予太守勉旃弗應黙然而退嗟予義錦屬山[illegible][illegible]

一若孫僧有存者寧無聞之而齒冷

京兆方攜前義未成稿予適入衙懼然詔予曰闢異端渾然素志也念佛堂之說最爲不經盍爲我闢之予退草此以進

闢念佛堂說

昔者聖人之治天下也惟務生人其生人也務厚人之所以生故父子人之相生也者教之孝慈兄弟人之同生者教之友恭夫婦人之從生者教之義順君臣朋友維人之生者教之令其與信恐人之未必克盡於是教也爲之立學校以宣行藝臣鞀鐸以警道路導之也爲之法度藏諸王府律令懸之象魏示之也入教者賞於祖出教者刑於

社令民知所趨避也聖人之公卿百執事以及州牧里師咸奉是以勤其職聖人亦以是上下其績此二帝三王之治之所以隆而風俗之所以美爲繼天立極之化也降及秦漢治雖不古而君臣父子兄弟夫婦朋友凡天下之爲生者未之有改也自漢明帝乃西迎以死教天下之妖鬼入我天朝其號曰佛曰五蘊皆空是死其心及諸臟腑也以耳目口鼻爲賊是死其身形也萬象皆空是並死山川草木禽魚也推其道易天下男僧女尼人道盡息天地何依是並死世界宇宙也舉振古來千百聖人所以生天下之道法盡夷滅之舉千萬載生民所以相生從生同生繼生者盡所斷之然人君迎之親奉之歷代風靡寺庵遂

遍天下仁人君子望淸涼臺未嘗不痛心疾首也然古際
無儼然立僧尼雖公然行而都鄙不寺不庵之地閭閻不
僧不尼之人猶未有異名別號門徒邪說者道紅巾白蓮
始自元明季世焚香惑衆私香異名旅聚旅出至今日若
皇天若九門十門等會莫可窮詰矣在不梵刹之奇庵人
成不剃髮之僧尼宅不來集父無君之妖鬼者鮮矣曰不
誦無父無君之邪號者鮮矣風俗之壞於此爲極猶幸
國朝嚴禁擅建庵觀寺廟私度僧尼之禁迭遲無生老母屠
更擬河妖人燈煽顯律梟示王章愚民猶有不辨邪正不
畏生死相聚念佛者仁人君子所以聽佛聲未嘗不痛心
疾首涇涇淚下也噫愚民何知妄謂念佛可以致福免禍

耳孫不思福者何子孫昌家業富之謂也禍者何絕子孫無家業之謂也彼佛者有子孫耶有家業耶佛已無福念之其可以致福耶佛已大禍念之其可以免禍耶況天地鬼神昭昭在上不可以僞言欺苟不實哉忠孝篤行仁義則口稱忠臣孝子之名日誦大仁大義之語天地鬼神必且靳之福而降之禍況口稱不忠不孝之非鬼日誦賊仁殘義之邪言天地鬼神其不益怒而加禍耶以念佛求福愚且妄矣念佛已愚且妄況聚爲羣社立之宅堂公然豎之城市闤之官長其干法擾俗又何等耶是又愚之愚妄之妄者矣今錦州府誌有云念佛堂自世末前開寓吏非徒不之禁而且顯登之記載以長邪俗汚輿州[illegible][illegible]不何

聖人生天下之敎而忍於助死天下之敎也仁人君子所
以閔佛氏祠祀記未嘗不痛心疾首淫淫淚下也噫

擬諭錦屬吏念佛堂

既呈前說京兆遂出所議示予予曰經世之文也然竊
念議之闢之不若直行文吏之遂草此進

嗚呼錦守天生蒼赤爰賦恒性叙爲五典釐爲百善順之
者逆之凶剝其棄之鮮不殄滅越自東漢皇天降割於我
時夏使西番妖法入惑我黔首五典咸墮百善俱廢忍絕
天性謬託慈悲苦戾人情妄稱極樂沙門輩復敢恣爲幻
顯創爲十王陰獄諸危酷恐慄我赤子謂呼乃佛號立致
種種福立脫種種難嗚呼惟德動天非修善克允福弗倖

邀非改過克允禍弗苟免舉口而致斯民疇不易從始進是非繼反榮辱終至不畏刑戮生死是以呼佛成俗敢營堂城市罔知禁忌嗚呼錦守小人何知惟君子心思小人何識惟君子耳目素廸不勤素戒不飭令復顯登之誌冊以覲邪俗嗚呼于茲懼上下　天子降罰傳譏於後世嗚呼錦守易乃風俗是責吾儕其罷堂中所有更匾額曰鄉約所仰承　天子制選老成德望朔望講讀　聖諭訓正斯民無俾終惡嗚呼于聞茲土醫巫閭先生賀子欽易諸佛刹爲書院講朱考亭白鹿洞規淑俗明季當日士夫齊民胥嚮從之罔有異刱于暨汝實尸名位孰與鄉先生反掌丕變信無梗無俾誌冊比觀耿羞賢易祈錦守易一

貽羞作千古美錦守勗旃